D1723757

AUSGEWÄHLTE TEXTE

Herausgegeben von
Hans Christian Meiser

Inhalt

Unsere Geschichte – Mahnung und Verpflichtung

Ansprache in Auschwitz Birkenau[*]

Eigentlich gebietet dieser Ort zu schweigen. Aber ich bin sicher, daß der deutsche Bundeskanzler hier nicht schweigen darf.

Wir sind nach Auschwitz gekommen, um uns und andere daran zu erinnern, daß es ohne Erkenntnis der Vergangenheit keinen Weg in die Zukunft gibt, auch keinen Weg zu einem neuen und unbefangenen Verhältnis zwischen Deutschen und Polen. In Auschwitz und in Birkenau kann niemand der Erkenntnis ausweichen, daß Politik etwas anderes ist, daß Politik mehr ist als ein Spiel von Macht und Interessen, daß Politik der moralischen Grundlage und der sittlichen Orientierung bedarf.

An diesem Ort wird zwingend deutlich, daß Geschichte nicht nur als eine kausale Kette von Ereignissen und Handlungen verstanden werden kann, sondern daß Verantwortung und Schuld dazugehören, daß Verantwortung und Schuld auch geschichtliche Größen sind.

Die Verbrechen des Nazifaschismus, die Schuld des deutschen Reiches unter Hitlers Führung begründen

[*] Gehalten am 23. November 1977

unsere Verantwortung. Wir heutigen Deutschen sind als Personen nicht schuldig, aber wir haben die politische Erbschaft der Schuldigen zu tragen, hierin liegt unsere Verantwortung. Aus ihr erwächst der Auftrag, die Zukunft nicht dem Zufall zu überlassen, sondern sie mit Mut, mit Umsicht zu gestalten.

Es braucht sich kein junger Deutscher unfrei zu fühlen, wenn er einem polnischen Altersgenossen begegnet. Aber wissen muß er, was Deutsche im deutschen Namen damals begangen haben. Wissen muß er, was sein polnischer Altersgenosse von seinen Eltern und seinen Großeltern über Auschwitz erfuhr und was er über die deutsche Okkupation nach 1939 erfahren hat. Wissen muß er schließlich, daß sich an ihn als einen jungen Deutschen besondere Erwartungen richten.

Es sind dies Erwartungen, denen auch die Regierung der Bundesrepublik Deutschland gegenübersteht, Erwartungen, denen sie sich stellt und die sie zu erfüllen sucht, seit Konrad Adenauer mit unseren westlichen Nachbarn und seit Willy Brandt mit unseren östlichen Nachbarn bewußt die Verständigung zu suchen begann.

Wir wissen, daß wir nichts ungeschehen machen können, aber wir können Folgerungen für die Zukunft ziehen. Wir tun dies seit 32 Jahren, wir tun es im Blick auf alle Opfer des Nazifaschismus in allen Ländern Europas, auch in unserem eigenen Lande. Und ich denke, unsere polnischen Partner werden, gerade weil sie am meisten zu leiden hatten, am besten verstehen, wenn ich daran erinnere, daß die ersten Opfer Hitlers Deutsche waren und daß bis zum Ende Hitlers in immer zunehmender Zahl auch Deutsche die Opfer seiner Diktatur geworden sind.

Und die Polen werden verstehen, wenn ich daran erinnere, daß in unserem eigenen Lande Widerstand geleistet worden ist von Deutschen, die immer wieder, wenn auch in tragischer Vergeblichkeit, versucht haben, der mörderischen Tyrannei über Europa ein Ende zu machen.

Diese deutschen Kämpfer gegen Hitler, Frauen und Männer aus allen politischen Lagern, gehören auch zur deutschen Vergangenheit, und sie sind ihr achtungswürdigster Teil. Und sie sind für uns Deutsche Grund zu bescheidenem Stolz, vor allem aber zu der Verpflichtung, von der ich eben sprach, zu der Verpflichtung, für die Zukunft Folgerungen zu ziehen.

Auschwitz ist ein Mahnmal. Uns Deutschen steht es nicht zu zu sagen, es sei ein Mahnmal, das zur Versöhnung mahne. Das könnten nur die sagen, deren Mitbürger hier gelitten haben. Wir wissen aber eines, daß die Wege zur Versöhnung Auschwitz nicht ausklammern können, und wir wissen, daß die Wege zur Verständigung hier in Auschwitz nicht enden dürfen.

Auftrag und Verpflichtung der Geschichte[*]

Meine sehr geehrten Damen und Herren,
verehrter Herr Professor Ritter!

Herkömmlicherweise ist es ein Vorrecht der Historiker, Gedanken über handelnde Politiker und über die Bedingungen ihres Handelns zu äußern, Gedanken, die zu kritischen Urteilen führen. Mit Ihrer heutigen Einladung geben Sie mir die Gelegenheit, die Perspektive umzudrehen und als handelnder Politiker über Geschichte, über die Probleme von Historikern zu sprechen.

Nicht daß ich meinte, die Welt der Praxis schuldete der Welt der Theorie eine Revanche für mancherlei Fehlurteile in der Vergangenheit oder in der Gegenwart. Aber es könnte nützlich sein, wenn aus der Sicht aktiver politischer Verantwortung Fragen gestellt werden oder Fragen beleuchtet werden, die sich für Sie in der fachlichen Beschäftigung mit der Geschichte und mit deren Vermittlung ergeben.

Ich glaube, daß aus diesem Grunde Bundespräsident

[*] Ansprache auf dem 32. Deutschen Historikertag am 4. Oktober 1978 in Hamburg

Walter Scheel vor zwei Jahren zu Ihnen gesprochen hat; und jedenfalls stehe ich aus diesem Grunde vor Ihnen – wobei ich im Gegensatz zu Herrn Dr. Grolle als geborener und natürlich geschichtsbewußter, geschichtsstolzer Hamburger hier stehe. Und wobei ich, abermals im Gegensatz zu Herrn Dr. Grolle – und ich bekenne das vorweg, weil ja manches sicherlich nicht auf ungeteilte Zustimmung stoßen kann, was ich zu sagen beabsichtige –, hier nicht als Historiker stehe, sondern als ein zeitweilig begeisterter Konsument Ihrer geistigen Arbeit.

1.

Ich bin überzeugt, daß Geschichte nicht nur Historiker etwas angeht, daß sie vielmehr jeden Bürger betrifft, jedenfalls jeden, der seine Pflichten in der Gesellschaft und gegenüber dem Staat ernst nimmt, und daß sie deswegen nicht nur eine Forschungsdisziplin, sondern mit Recht auch ein Schulfach ist. Historiker sind zwangsläufig, ob sie es nun wahrhaben wollen oder nicht, zugleich Erzieher.

Es wird vielfach heute Klage geführt, daß der Geschichte in der Schule nicht genug Platz eingeräumt werde. Eben hat hier gerade ein Schulminister damit geprunkt, daß er dabei ist, das zu bessern. Zugrunde liegt ja der allgemein in unserer Gesellschaft verbreitete Eindruck, es mangle allenthalben an Geschichtskenntnis, an Geschichtsvorstellungen. Ich selber habe übrigens in den drei Jahren, in denen ich Oberbefehlshaber der Bundeswehr war, sehr deutlich bei den jungen Soldaten in der Bundeswehr gespürt, daß dem tatsächlich so ist. Nun liegt das allerdings auch schon wieder sieben, acht, neun Jahre zurück.

Walter Scheel hat vor zwei Jahren vor Ihnen die Sorge ausgesprochen, wir könnten im Begriffe sein, ein geschichtsloses Land zu werden. Solche Besorgnisse teile ich tendenziell; ich kann mich noch nicht überzeugen lassen durch das Zitat, was hier vorhin, von Hermann Lübbe stammend, vorgebracht worden ist.

Aber zunächst einmal möchte ich zurückfragen: Ist eigentlich die Kette dieser Besorgnisse, dieser Klagen in sich so kohärent, wie sie klingt oder wie sie klingen gemacht wird? Ergibt sich wirklich oder hat sich wirklich das eine aus dem anderen ergeben? Wenn ich z. B. an meinen eigenen Geschichtsunterricht zurückdenke, den ich in der Schulzeit genossen habe, so stelle ich fest, daß meine eigenen Geschichtskenntnisse, jedenfalls soweit sie in der Jugendzeit erworben worden sind, keineswegs nur auf die von mir durchaus geliebten Stunden im Schulfach Geschichte zurückzuführen sind, eher zum kleineren Teil. Was ich dagegen im Geschichtsunterricht tatsächlich erworben habe, war zweierlei: erstens – und das werden Sie, soweit Sie Pädagogen sind, in Ordnung und nicht überraschend finden – vielfältige Anregung zum eigenen Lesen und Arbeiten; vor allem aber zweitens – und dies ist, denke ich, überraschend – die Fertigkeit zu diskutieren, vor allem eine gewisse Fähigkeit zur kritischen Auseinandersetzung mit vorgefaßten Meinungen. Ich werde diese Anstöße aus meiner eigenen Schulzeit nie geringschätzen, die mir der übrigens nicht gerade sehr systematische Geschichtsunterricht – meine Schulzeit endete 1937 – an der Hamburger Lichtwarkschule gegeben hat und der in mir ein lebenslanges Interesse an geschichtlichen Entfaltungsprozessen ausgelöst hat.

Ich möchte nicht ohne weiteres folgern, daß die Misere des in unserer Gesellschaft heute in der Tat schwachen historischen Bewußtseins nun im wesentlichen auf mangelhaften Geschichtsunterricht in der Schule zurückzuführen ist. Das glaube ich nicht. Dies ist ein weites Feld, das ich jetzt nicht ganz beackern kann. Allerdings glaube ich auch nicht, daß die Schulen tatsächlich kohärente geschichtliche Vorstellungen auch nur im Umriß vermitteln können – bei aller Mühe und bei aller Arbeit und bei aller Liebe nicht nur zum Fach, sondern auch zum Schüler oder zur Schülerin. (Die Lacher haben mich mißverstanden. Ich sehe dort allerdings einen Herrn sitzen, der seine Schülerin geheiratet hat.) Ich glaube nicht, daß bei aller Liebe die Schulen tatsächlich kohärent geschichtliche Gesamtvorstellungen vermitteln können, auch nur im Umriß: etwa von Lascaux bis zum Bauhaus; oder von den Verfassungen der griechischen Polis bis zu den russischen Zaren und Wilhelm II., bis zu Stalin und bis zu Hitler, den z. Z. doch erratischen Weg bis zum modernen demokratischen Verfassungsstaat; oder den Weg von der Entstehung der Schriften bis zu den heutigen

Computer-Sprachen; oder den Weg von der Weltwirtschaft der Phönizier oder des Römischen Weltreichs bis zu den prägenden Erfolgen und Zusammenbrüchen der Weltwirtschaft im 20. Jahrhundert; oder das Auf und Ab einerseits der Optimierungen, andererseits der Unterdrückung von Antworten auf die sich stets anders stellende soziale Frage; oder die verwirrende Diskontinuität und Vielfalt der Weltbilder, der Menschenbilder; die Entstehung unserer heutigen Pluralität oder den Humus der Klassik, des Christentums, des Mittelalters, der Aufklärung und der geistigen Säkularisierung der letzten beiden Jahrhunderte.

Ich glaube, daß all dies sich denjenigen Bürgern, die nicht ein spezielles Interesse entwickeln, daß dies alles sich der großen Mehrzahl nur im Laufe eines ganzen Lebens und auch nur in sehr vagen Umrissen erschließen kann. Die Schule aber soll von alledem zugleich eine Ahnung herstellen und Wißbegierde wecken. Und sie soll zugleich das Wissen um die Fallibilität der sich entwickelnden Menschheit ahnen und das Wissen von ihren Erfolgen ebenso ahnen lassen. Sie soll von der Interdependenz der Geschichte der europäischen Völker und Staaten eine Vorstellung vermitteln, aber ebenso von der übernationalen Symbiose von Sprachen, von Denkschulen, Kirchen, Kunst, aus der Europas Zivilisation nun einmal entstanden ist und ohne welche sie niemals so hätte entstehen können.

Liebenswürdigerweise schicken mir einige bisweilen Bücher, die sie herausgegeben oder die sie geschrieben haben, und dadurch habe ich rudimentäre Einblicke hier und da. Ich glaube, gute Ansätze sind in der Schuldidaktik durchaus zu sehen. Dazu zählen für mich auch solche Bemühungen wie diejenige der hamburgischen Kurt-Körber-Stiftung, mit ihren Schülerwettbewerben zur Förderung des Geschichtsbewußtseins beizutragen.

Übrigens darf ich Ihnen hier ein Kompliment aussprechen für eine, wie ich glaube, fabelhafte Idee. Hoffentlich ist sie dann auch im Ergebnis noch immer fabelhaft, nämlich den Versuch des Hospitierens von Kongreßteilnehmern im normalen Geschichtsunterricht hamburgischer Schulen. Das gegenseitige Hospitieren ist ja nicht überall beliebt, was nicht nur für Lehrer gilt, sondern auch für Professoren. Eine fabelhafte Idee!

Aber all das, was ich versucht habe, als Umrisse zu zeichnen, die man im Glücksfall im Laufe seines ganzen Lebens vage in seine Vorstellung bekommt – dies alles nun von der Schule zu verlangen heißt wahrscheinlich schon zuviel verlangen. Und deswegen möchte ich hier zwei Bemerkungen einschieben, die genauso subjektiv sind und ausschließlich auf eigener Lebenserfahrung, auf eigener politischer Erfahrung beruhen wie alles andere, das ich hier vortrage, nicht aber auf fachlich-disziplinär erworbenem Wissen.

Erstens: Ich denke, der Geschichtsunterricht allein kann selbst diese von mir für wünschenswert gehaltenen vagen Umrisse einer Gesamtvorstellung kaum leisten, jedenfalls gilt das mit Sicherheit sogar für die

Hauptschule. Deshalb sollten jedenfalls alle Schulfächer am Entstehen des Mosaiks mitwirken. Dies trägt dann übrigens auch zum Erfolg des jeweils eigenen Faches bei. Wer Englisch lernt, ohne von der Magna Charta oder von Cromwell oder von der Bill of Rights oder von Roosevelt oder Churchill zu hören und zu lernen, dessen Lehrer hat seine Aufgabe nicht verstanden. Wer Mathematik und Physik und Chemie und Biologie in der Schule lernt, ohne eine Ahnung vermittelt zu bekommen von der zweieinhalbtausendjährigen Entfaltung des naturwissenschaftlichen Weltbildes, dessen Lehrer haben ihre Aufgaben nicht erkannt. Wer Französisch lernt, ohne gleichzeitig eine Ahnung zu bekommen von der unmittelbaren Aufeinanderfolge von Ludwig XVI. und der Französischen Revolution und Napoleon und den Gründen für dieses unmittelbare Folgen, dessen Lehrer hat eine wichtige Chance vergeben. Wer im Geschichtsunterricht den Bogen zurück von Hiroshima zum Dreißigjährigen Kriege nie vorgezeichnet bekommen hat oder von den vielen anderen Bögen, über die zu reden sein würde, sagen wir den Bogen vom Freiherrn von Stein über 1848 bis nach Weimar und bis nach Bonn nicht erkennen gelernt hat, dessen Lehrer, dessen Geschichtslehrer in dem Fall, haben eine wichtige Chance vertan. Und wer im Religionsunterricht nicht sowohl von Thomas als auch von Ignatius, von Luther und, erschrecken Sie nicht, von Lenin und von Johannes XXIII. etwas gehört hat, dem ist Wichtiges vorenthalten worden.

Zweitens: Jeder Lehrer unter Ihnen weiß, wie viele sogenannte Miterzieher es gibt. Es gilt ja auch hinsichtlich der Studenten, bei deren Formung des historischen Bewußtseins ganz erhebliche außeruniversitäre Kräfte wirksam sind. Die Wirkungen der Massenmedien, allen voran des Fernsehens, auf das Geschichtsbewußtsein der Gesellschaft schlechthin können gar nicht hoch genug veranschlagt werden. In diesem Zusammenhang sage ich den Professoren und den Assistenten auf unseren Hochschulen: Manchen der Geschichte studierenden jungen Menschen sollte vor Augen gestellt werden, daß möglicherweise ihre persönliche Aufgabe, wenn sie ihr Studium beendet haben, im Fernsehen liegen könnte oder in den Redaktionen und in der Mitarbeit bei Zeitungen und Zeitschriften oder in der Erwachsenenbildung. Ihnen selbst, meine Damen und Herren, den Fachgelehrten, möchte ich die dringende Bitte ans Herz legen: Sorgen Sie und erkennen Sie als ernste Aufgabe die Sorge für eine fachlich einwandfreie populärwissenschaftliche historische Literatur – einschließlich der Bilder und Tabellen und Karten – und was alles dazu gehört, um es dem normalen Publikum attraktiv genug zu machen. Das muß nicht unbedingt in teuren Prachtbänden geschehen, wenngleich ich z. B. die schöne Geschichte Europas im Propyläen-Verlag als ausgesprochen verdienstvoll empfinde.

Zusammenfassend: Ich glaube nicht, daß man allein die Schule verantwortlich machen darf – sie soll sich auch nicht für allein verantwortlich halten – für allgemein in der Gesellschaft aufscheinende Defizite an historischem Wissen und am Rückbezug heutiger Umstände auf ihre geschichtliche Entstehung. Ich denke, wir sollten vorsichtig sein bei allzu engen Verknüpfungen von Defiziten. Aus der Perspektive des Fachhistorikers spielen bei der Erklärung von Nöten im Bereich der Geschichte selbstverständlich solche Sorgen – aber bitte machen Sie sich selber darüber keine Illusion: eben auch eigenen Interessen! – eine Rolle, die sich im eigenen Berufsfeld bilden. Man soll solche Sorgen ernst nehmen. Ich tue das. Aber als Nichthistoriker gebe ich zu bedenken, daß Geschichte nicht nur aus *einer* Berufsperspektive heraus zu debattieren ist. So wie – wenn Sie mir einen sehr annäherungsweisen Vergleich erlauben – die Stärke oder die Schwäche des Glaubens zu keiner Zeit nur eine Frage der Theologen war, so scheinen mir Stärke oder Schwäche des historischen Bewußtseins keineswegs nur eine Frage der Geschichtswissenschaft oder des Geschichtsunterrichts zu sein.

Nachdem dies alles gesagt ist, zögere ich nicht, zu betonen, daß die Verantwortung der Fachhistoriker für unser aller Bildung mir von zentraler Bedeutung erscheint. Ich will Ihnen gerne gestehen, daß ich Sie bisweilen im Laufe meines Lebens um Ihren Beruf beneidet habe.

Clemenceau wird das Wort zugeschrieben, daß der Krieg eine zu wichtige Sache sei, um ihn den Generälen allein zu überlassen, aber er hat die Generäle ja gleichwohl benötigt. Übertragen Sie das auf Ihr Fach! Ich füge hinzu: Die Kompetenz von einigen Tausenden – wenn ich es richtig verstanden habe, einschließlich aller Geschichtslehrer sogar von mehr als zehntausend – geschichtswissenschaftlich geschulten Fachkräften ist ein großes Kapital, mit dem gearbeitet werden muß. Bei nur sehr begrenztem Einblick in die Diskussionen Ihres Faches weiß ich, daß die Frage des Gegenwartsbezuges der Geschichte in den Reflexionen Ihres Faches naturgemäß eine große Rolle spielt. Sie haben die Frage erörtert, wie weit sich die Geschichtswissenschaft von aktuellen Interessen und Fragestellungen leiten lassen darf. Sie haben die Aufgaben debattiert, die sich dem Fach Geschichte in der modernen demokratischen Gesellschaft stellen. Mir scheint wichtig, diese Art von Diskussionen nicht versanden zu lassen – auch dann nicht, wenn die Hektik der politischen Auseinandersetzungen an den Hochschulen eine Sehnsucht nach ruhigeren Gefilden der Forschung hat aufkommen lassen, und dies nicht nur hier oder dort! Eine sich Gegenwartsfragen aufschließende Geschichtswissenschaft ist zweifellos exponierter als eine, die sich z. B. aus Berührungsängsten auf sich selbst zurückzieht. Mut bleibt auch in Zukunft notwendig. Pseudopolitische und pseudowissenschaftliche Aktivitäten können sich leicht dort entfalten, wo verantwortliche Politik oder wo verantwortliche Wissenschaft zuvor das Feld geräumt hat oder zuvor das Feld unbestellt gelassen hat. Man begegnet dem wirksam nur dann, wenn man sich selbst den Konflikten stellt, die sich aus den Fragen der Gegenwart und aus den Fragen an die Gegenwart ergeben. Und zweifellos ist hier eine Zusammenarbeit mit z. B. der politischen Wissenschaft, mit der Sozialökonomie (um einen Ausdruck Max Webers wiederaufzunehmen, den ich bei weitem für den besten halte von all denen, die für die Ökonomie ansonsten geprägt wurden; ich rede ganz gern anstelle von Nationalökonomie von »Internationalökonomie«, aber mehr des heuristischen Effektes wegen und weniger, weil ich das für eine präzise Definition halte), es ist also zweifellos die Zusammenarbeit mit der politischen Wissenschaft, mit der Sozialökonomie und auch mit der Soziologie geboten.

Freilich, eine sich so verstehende Geschichtswissenschaft scheint mir zu ihrem Bildungserfolg, den sie bezwecken soll, drei Bedingungen erfüllen zu müssen. Sie muß an der Bewältigung der Orientierungsschwierigkeiten unserer Tage teilnehmen; sie muß ihre Bindung an den Bestand gemeinsamer Grundwerte zu erkennen geben; und sie muß ihre Verpflichtung zu Toleranz und Meinungspluralismus ernst nehmen und darin sogar Vorbilder setzen.

Dies alles ist viel leichter gesagt, als man es im Beruf leisten kann. Ich brauche keine Phantasie, um mir vorzustellen, daß der Prozeß z. B. der Einführung neuer Hochschulverfassungen in den letzten zehn Jahren – der ja übrigens ein Prozeß von trial and error ist;

in diesem Hinweis sollte für Sie, meine Damen und Herren, Hoffnung beschlossen sein –, ich brauche keine Phantasie, um mir vorzustellen, daß dieser Prozeß für den Wettstreit der wissenschaftlichen Positionen untereinander auch negative Folgen mit sich gebracht hat. Häufig, glaube ich zu erkennen, wird bei Gremienwahlen oder bei Berufungen die Berücksichtigung einer konkurrierenden, im Wettstreit liegenden Position erschwert, gar verhindert, und das Kräftespiel der hochschulpolitischen Mehrheitsbildung oder des ideologischen Streits droht an manchem Ort den theoretischen Pluralismus zu ersticken.

Ich habe gehört – ich kann es nicht selbst beurteilen –, daß solche Gefahren einer Einengung des pluralistischen Spektrums in unseren westlichen Nachbarländern geringer seien als bei uns. Während bei uns in mancher Hinsicht die Gefahr heraufzieht, daß die Landkarte der Hochschulen ähnlich fleckig wird wie die Konfessionskarte Deutschlands nach der Reformation – hie rechts, hie links –, scheint in unseren Nachbarländern mehr Sinn dafür zu bestehen, daß Positionsunterschiede an ein und derselben Hochschule nicht nur möglich, sondern daß sie fruchtbar und deswegen notwendig sind. An manchen Universitäten, jedenfalls großen Universitäten im Ausland, wird offenbar geradezu Wert darauf gelegt, daß große, die Meinungsbildung auslösende Ereignisse wie die Französische Revolution oder die Oktoberrevolution in Rußland zugleich von verschiedenen Ansätzen aus, durch verschiedene Lehrpersonen betrachtet, beleuchtet, in unterschiedlicher Perspektive gedeutet werden. Es scheint mir, daß eine Territorialisierung des Pluralismus – nach dem Leitsatz: Cuius regio eius religio – die schlechteste aller denkbaren Lösungen für das Pluralismusproblem wäre.

An dieser Stelle sage ich als Politiker fest überzeugt und ohne Hemmungen wegen meiner mangelnden Historikererfahrungen oder -kenntnisse: Die Pluralität der Meinungen und Positionen muß allen Widerständen zum Trotz bejaht und auch tatsächlich verwirklicht werden!

Es war eine bedenkliche und übrigens politisch folgenschwere Fehlentwicklung, daß die deutsche Geschichtswissenschaft, wie mir scheint, seit der Mitte des 19. Jahrhunderts sich in zunehmendem Maße nicht-angepaßten Minderheiten verschlossen, andersdenkende Köpfe, wenn möglich, von den Lehrstühlen ferngehalten hat. Und Sie werden es einem sozialdemokratischen Bundeskanzler nicht verübeln, wenn er an die Eingeschränktheit der Laufbahnchancen erinnert, welche etwa die Gegner des Bismarckischen Staates, wie Sozialdemokraten, Linksliberale, aber auch Zentrumskatholiken, in Deutschland über lange Strecken zu erleiden hatten.

Nun hat sich gottlob nach den beiden Weltkriegen, insbesondere nach dem letzten, manches gewandelt. Die benachteiligten Positionen von einst haben Anerkennung gefunden. Aber dem Pluralismus sind inzwischen neue Schwierigkeiten entstanden. Ich gebe zu, sicherlich wird nachher in der Pause gesagt werden: dabei spiele auch die heutige Stellenknappheit an den Hochschulen eine Rolle, die der unmittelbar vorausgegangenen Stellenopulenz gefolgt ist. Ich weiß: Die Konkurrenz wird natürlich härter, so daß nicht nur die Schwächeren, sondern auch die Nonkonformisten Gefahr laufen, auf der Strecke zu bleiben.

Heute stellt sich wie an vielen Stellen der Gesellschaft die Frage, wie die Probe der Toleranz zu bestehen sei. Ohne Toleranz – und ich spreche von der Toleranz aus gegenseitiger Achtung und nicht aus der Toleranz der Gleichgültigkeit gegenüber dem, was der andere schreibt –, ohne Toleranz aus gegenseitiger Achtung ist Wissenschaft vom Menschen in einer – ich nehme das Wort noch einmal auf – pluralistischen demokratischen Gesellschaft nicht möglich.

Ich las vorgestern in Vorbereitung auf das, was ich Ihnen hier versuche vorzutragen, in einem ansonsten sehr lesenswerten Kommentar in der »Frankfurter Allgemeinen Zeitung« zu Ihrem Historikertag das Wort – und ich zitiere wörtlich – von einem »einigermaßen verbindlichen Geschichtsbild«, welches – und ich zitiere das nächste Wort wiederum wörtlich – »wieder« entstehen solle. Ich muß Ihnen sagen, ich kann mir weder ein verbindliches noch ein einigermaßen verbindliches Geschichtsbild vorstellen – genausowenig wie ich mir 1969 oder 1970 als Verteidigungsminister vorstellen konnte, was eigentlich bezweckt wurde, wenn damals in einer militärischen Denkschrift verlangt worden war, es müsse der Erziehung der Soldaten in der Bundeswehr ein verbindliches Menschenbild zugrunde gelegt werden. Sie lachen, aber in solchen unbeabsichtigten Kommentaren und in solchen blauäugig und sehr wohlmeinenden und sehr idealistisch vorgebrachten Forderungen schlägt sich das nieder, was ich vorhin die Misere vom mangelnden Geschichtsbewußtsein genannt habe.

Verbindlich – und zwar nicht einigermaßen, sondern ohne irgendwelche Einschränkungen und ohne irgendwelches Epitheton verbindlich! – ist für Lehrer und Soldaten das Grundgesetz. Verbindlich ist für die Wissenschaft der Wille zur Wahrheit. Aber die Normen des Grundgesetzes enthalten mit voller Absicht, aus historischer Erfahrung gewonnener Absicht, das Grundrecht der Meinungsfreiheit und keinerlei Vorschriften über Meinungsverbindlichkeit. Und der wissenschaftliche Wille zur Wahrheit führt ja auch, teils zeitlich nacheinander, teils gleichzeitig und am selben Tage, zu sehr verschiedenen Antworten. Das muß auch so sein.

Dieses Plädoyer für Toleranz und für Meinungspluralismus, das ich hier halte, geht über den Rahmen eines Fachkongresses weit hinaus, wenngleich ich im Kreise der Historiker auf eine zustimmende Resonanz gehofft habe, die stellenweise ja auch schon hörbar geworden ist. Einheit kann sich bestenfalls, jetzt philosophiere ich vor mich hin, nur aus der Vielfalt ergeben. Präpostulierte Einigkeit ist kein Wert an sich, kann dagegen sehr wohl zu einer schlimmen Gefahr werden.

Geschichte zu schreiben oder Geschichte zu lehren umschließt die Möglichkeit, die ungeheure Vielfalt von Traditionen und Positionen im Wandel der Zeiten zu vergegenwärtigen, den Reichtum an verschiedenen geprägten Kräften ins Bewußtsein zu heben, aber ebenso auch deutlich zu machen, wie rasch Toleranz und wie rasch Meinungsfreiheit verlorengehen können und wie gefährdet Freiheit und Humanität immer waren und nach all diesen bisherigen geschichtlichen Erfahrungen auch in Zukunft bleiben werden.

2.

Ein Wort möchte ich sagen über den Beitrag der Geschichtslehre zum rechten Verständnis der Demokratie, d. h. nicht nur ihrer Vorzüge und Möglichkeiten, sondern ebenso ihrer Begrenztheiten.

Ich denke, sozialökonomische Strukturgeschichte ist unumgänglich notwendig. Allerdings führt sie nur schwerlich zur Erkenntnis von der Notwendigkeit der Demokratie. Dies letztere mag von der Geschichte der geistigen Strömungen schon eher geleistet werden. Aber ebenso gehört sicherlich die Ereignisgeschichte dazu, ebenso die Biographie. Eine einseitig sozialstruktur-orientierte Geschichtsdeutung, bei der die dramatis personae und ihre individuelle Verantwortung völlig hinter den strukturellen ökonomischen Faktoren zurücktreten, hinter den Ständen und den Klassen und den Wirtschaftsordnungen und deren Eigendynamik, bei der die Personen dahinter völlig verschwinden, die kann nun in der Tat bei dem, der zuhört oder liest, ein Erklärungsvakuum entstehen lassen, in das dann rein personalisierende Deutungsversuche, wie z. B. der heutige subkulturelle Hitlerkult, ohne große Mühe einströmen können. Und umgekehrt wird mit der Inflationierung des Faschismusbegriffs (nicht nur im allgemeinen, sondern sogar im wissenschaftlichen Sprachgebrauch!) sicher keine Klarheit über die Probleme der Zeitgeschichte hergestellt. Das gilt genauso für den Begriff des Antifaschismus. Das sind heute Begriffe, die die Welt eher vernebeln, aber nicht klären.

Das düstere Kapitel jüngster deutscher Geschichte ist vor lauter Theorien und Überschriften für viele der heute Erwachsenen noch immer ein Bild ohne ausreichend klare Kontur. Viele der jüngeren Zeitgenossen haben sehr verschwimmende Vorstellungen über jene Zeit, und der Handel mit Hakenkreuzsymbolen und Schallplatten mit Reden aus jener Zeit und Schundliteratur macht Umsätze. Es gibt zu denken, daß andererseits Versuche, Hitler zu erfassen und ihn damit zu entdämonisieren, wenn ich es richtig sehe, in letzter Zeit nicht von Historikern, sondern von historisch versierten Journalisten kommen; ich rede von Joachim Fest und von Sebastian Haffner.

Es gibt auch zu denken, daß manche unserer jüngeren Zeitgenossen – das habe ich erst jüngst im Bundestag erlebt – den Widerstand gegen den Tyrannen, den

Diktator immer noch nur sehr schwer verstehen und daß einige ihn gar nur dann gelten lassen und nur dann achten wollen, wenn und soweit der Widerstand geleistet wurde von Menschen, deren damalige politische Vorstellung den heute Urteilenden passabel erscheinen will. Tatsächlich kam der Widerstand sowohl von Konservativen als auch von Liberalen, sowohl von Sozialdemokraten als auch von Kommunisten; er kam von Aristokraten und von Arbeitern; er kam von Christen und von Freidenkern. In Frankreich oder in Italien käme überhaupt kein gebildeter Mensch auf die absurde Idee, den Anteil damals kommunistisch denkender Menschen am Widerstand geringzuachten oder ihn gar aus der Geschichte zu streichen. Im Gegenteil. Wer solche Dummheiten nicht mitmacht, sondern wer mit Recht etwa der Geschichte der deutschen Arbeiterbewegung, auch ihrer für den ersten deutschen Demokratieversuch schicksalsträchtigen Gespaltenheit einen festen Platz in der Geschichte gibt oder gegeben hat, der muß deswegen ja weder Sozialdemokrat sein noch Kommunist. Und wer Bismarcks außenpolitische Kunst darstellt und vielleicht bewundert, der muß deswegen nicht Bewunderer seiner gefährlichen Innenpolitik und seiner Sozialistengesetzgebung werden. Mir scheint wertungsfreie Geschichte kaum möglich. Aber andere als meine eigenen Wertungen müssen ebenso zu Gehör kommen, und dafür muß ich selber mitsorgen. Und jeder von uns möge sich seiner zeitbedingten, situationsbedingten Optik bewußt bleiben. Ich denke, daß schließlich die meisten Historiker unter den Zeitgenossen Bismarcks dessen Illiberalität wahrscheinlich auch deswegen nicht kritisch erkennen konnten, weil sie eben durch die Brillen ihrer Zeit schauten.

Ich z. B. mußte 59 Jahre alt werden, um am 17. Juni dieses Jahres Walter Scheels Bewertung und Einordnung des Reichsmythos und seiner Wirkung auf die Entwicklung des politischen Bewußtseins der Deutschen als sehr erhellend und deshalb dankbar zu empfinden. In meiner eigenen Schulzeit und, ich vermute, in der Schulzeit mancher derer, die hier – verschiedenen Generationen angehörend – sitzen, wäre eine solche Geschichtsbetrachtung durch einen so hohen Repräsentanten des Staates undenkbar gewesen.

Wir Deutschen, meine Damen und Herren, haben die Demokratie nicht erfunden. Wir haben auch den Nationalstaat nicht erfunden. Wir haben auch nicht als erste die Staatsnation geschaffen. Heute sind wir in Gefahr, Nationalstaat und Staatsnation in ihrer Bedeutung zu überschätzen und dann auch noch zu überfordern.

In dem Zusammenhang möchte ich die Bitte aussprechen, daß wir die Demokratie nicht überfordern, daß wir sie nicht mit Erwartungen überfrachten, mit Erwartungen, die sie nicht erfüllen kann. Schon Thukydides hat davor gewarnt, daß Demokratie nicht zum Staat der ewig Unzufriedenen werde.

Ich möchte sehr frei nach Winston Churchill sagen:

Demokratie als Gesinnung einer Gesellschaft, Demokratie als Form eines Staates ist nach aller geschichtlichen Erfahrung und nach allen Ergebnissen unseres heutigen staatspolitischen, staatstheoretischen Denkens das Beste, was wir haben können. Darin werden die meisten hier übereinstimmen. Aber man darf nicht unterschlagen: Demokratie bleibt auch immer Menschenwerk, allzu menschliches Menschenwerk. Die naive Idealisierung der Demokratie durch Alliierte und durch selbstgemachte re-education, wobei die selbstgemachte re-education an manchen Schulen bis in die 60er Jahre gedauert hat – die naive Idealisierung der Demokratie, die damals durch Marshall-Plan und Erfolg in unserem wirtschaftlichen Neuaufbau gestützt und gefördert wurde, hat dann zwangsläufig angesichts des scharfen Kontrastes zwischen dem idealisierten Modell und der vorgefundenen Wirklichkeit, die dann auch noch kritisch überzeichnet wurde –, zwei Jahrzehnte nach Kriegsende bei einem wichtigen Teil der akademischen Jugend eine Desillusionierung und darüber hinaus sogar einen gefährlichen Kollaps der politischen Ratio zur Folge gehabt. Dieser Kollaps ist geistig nur teilweise überwunden, und bei einigen hat er lediglich resignativer Anpassung Platz gemacht.

Mich erschreckt oft, wie vielerorts die Anspruchshaltung steigt, während zugleich die Beitragshaltung der Bürger stagniert oder gar schwindet. Dies ist ein Problem, zu dessen Abhilfe auch Sie, meine Damen und

Herren, beitragen können. Mit der Demokratie und mit dem öffentlichen Wohl ist es wie auf dem Felde des Landwirts. Man muß ackern und säen und düngen, wenn man ernten will. Demokratie und res publica laufen nicht von allein, sie brauchen jeden von uns – auch als Erzieher! Zu dieser Erziehung zur Demokratie gehört, daß wir die Menschen auch aufschließen müssen zum Verständnis für die Schattenseiten der Demokratie, für das, was sie nicht leisten kann. Insgesamt müssen wir dahin erziehen, daß trotz aller Schattenseiten unsere Menschen die Bereitschaft entfalten, notfalls für die Demokratie ihr Leben zu wagen.

Ich erachte es z. B. als einen unvermeidbaren, aber deswegen keineswegs zu verschweigenden Mangel, daß die Demokratie Prämien ausstellt für denjenigen Politiker, der sich besser als der andere der Öffentlichkeit genehm zu machen weiß. Dies ist seit Athen, seit zweieinhalbtausend Jahren ein Geburtsfehler, den kann man nicht beseitigen, der bleibt so. Deswegen wird ja auch in Wahlkämpfen manchmal Unsinn geredet. Ich halte es für einen unvermeidbaren, aber keineswegs dem Verschweigen anheimfallen dürfenden Mangel, daß Demokratie nicht unbedingt die Durchsetzung des Richtigen bewirkt, sondern vielmehr nur die Durchsetzung dessen, was von der Mehrheit für richtig angesehen wird zu dem Zeitpunkt, in dem die Mehrheit entscheidet. Ich halte es für unvermeidbar, daß in der Demokratie die Meinungsfreiheit nicht nur zur Lehre von gemeinsamen Grundwerten und anderen richtigen, guten oder schönen Dingen genutzt werden kann, sondern durchaus auch genutzt werden darf zur Verbreitung von wert-losen Meinungen – wertlos in jederlei Sinn, der diesem Worte unterlegt werden kann. Demokratie ist Launen ausgesetzt.

Dies alles muß auch vermittelt werden. Man kann nämlich auf die Dauer nicht nur die Personen, sondern auch die Demokratie nur lieben in eingestandener Erkenntnis auch der Unvollkommenheit dessen, mit dem man es zu tun hat.

Demokratie darf nicht unkritisch als Lehre von der alten Harmonie mit neuer Kulisse im Hintergrund verstanden oder gelehrt werden. Ich teile Walter Scheels Skepsis gegen diesen deutschen Harmoniewahn voll und ganz. Natürlich kann es Harmonie in dieser Gesellschaft nicht geben. Demokratie ist von der Definition her erstens immer auch Konflikt, allerdings begrenzter Konflikt; und Demokratie ist zweitens von der Definition her verfassungsrechtlich institutionalisierte Konfliktregelung. In den späten 60er Jahren gingen die eben apostrophierten Enttäuschten daran, an die Stelle der ihnen zwar verkündeten, aber nicht tatsächlich vorgefundenen Harmonie den totalen Konflikt zu setzen. Sie wurden dann sogar auch noch ermuntert, den Konflikt mit ihren eigenen Fäusten zu regeln. Ein schwerer Rückschlag, aus dem Erzieher, Politiker, aber auch Professoren und Lehrer gleicherweise zu lernen haben. Romantisierende Verklärun-

gen rächen sich. Einigkeitsmythen und Harmoniege-
sänge rächen sich.

Natürlich muß andererseits, wenn ich bei Karl Popper
eine Anleihe machen darf, die offene Gesellschaft gegen ihre Feinde verteidigt werden. Ich warne dabei vor
einem Übermaß an Perfektion. Die Gründlichkeit, mit
der mancherorts nach Gegnern unserer Ordnung gesucht, der psychische Flurschaden, der mancherorts
dabei angerichtet wird, kann erschrecken. Hüten wir
uns davor, meine Damen und Herren, an die Stelle
eines abstrakten übergesellschaftlichen Staatsbegriffs
nun einen, wenn ich Karl Bracher folgen darf, »abstrakten übermenschlichen Demokratiebegriff« zu setzen.
Irren muß erlaubt bleiben. Gerade in Deutschland muß
Irren erlaubt bleiben. Es kann in der offenen Gesellschaft kein einheitliches, kein richtiges Geschichtsbild
geben. Die beiden Male in diesem Jahrhundert, die
beiden kurzen Epochen, in denen sich Deutschland im
Besitze des »richtigen« Geschichtsbildes glaubte, die
sind uns und der Welt sehr schlecht bekommen. Es
waren der nationalistischen Ideologie entsprechende
Geschichtsbilder.

Deutscher zu sein kann heute nicht mehr bloß die
Zugehörigkeit zu einer Sprach- und Kultur- oder zur
Abstammungsgemeinschaft bedeuten; es bezeichnet
auch nicht eine spezifische Staatsbürgerschaft, sondern es muß wohl darüber hinaus eine Selbstidentifika-
tion mit den Begriffsinhalten der Demokratie und der
Humanität stattfinden.

Unser Staat hat eine Form der Demokratie entwickelt,
die auch durch die besonderen Herausforderungen der
deutschen Geschichte geprägt ist. Sie ist weder von der
unbeschwerten Zuversicht und Ursprünglichkeit der
amerikanischen Demokratie getragen noch von den
ehrwürdigen, machterfahrenen Traditionen der parlamentarischen Demokratie in England, noch von den
revolutionsgeprägten demokratischen Errungenschaf-
ten der Französischen Republik.

3.

Im nächsten Jahr wird der 30. Jahrestag von Verkün-
dung und Inkrafttreten unserer Verfassung die Grund-
gesetzdiskussion sicherlich erneut beleben. Dabei muß
dann auf die historischen Erfahrungen, die in unsere
Verfassung eingeflossen sind, Aufmerksamkeit ver-
wandt werden ebenso wie auf die insgesamt sehr guten Erfahrungen, die wir seither mit diesem Grundgesetz gemacht haben.

Das Grundgesetz spricht von der Einheit und Selbstbestimmung unseres Volkes, von der Nation. Mir
scheint, daß die häufig zitierte Einheit der Nation jedenfalls auch in den folgenden drei Dingen besteht:

Erstens: Einheit der Nation bedeutet eine gemeinsame
geschichtliche Vergangenheit sowohl mit Stationen,
die Anlaß sind zum Stolz, als auch mit Stationen, die
Anlaß sind zum Bedauern oder derentwegen wir uns
schämen müssen.

Zweitens: Einheit der Nation bedeutet einen Anspruch

an die Zukunft, den wir stellen, der uns aber auch selbst verpflichtet.

Und *drittens*: Einheit der Nation bedeutet auch ein Stück der Wirklichkeit in unserer Gegenwart; denn es gibt ein fortbestehendes Bewußtsein der Zusammengehörigkeit der Deutschen, es gibt – dank der Politik der letzten zehn Jahre – auch Möglichkeiten zu gegenseitiger Berührung, zu Besuch, zu Gespräch, zu mannigfachem Austausch. Das alles ist trotz jener brutalen Grenze und trotz der Trennung ein Stück Einheit der Nation.

Diese beiden zweitens und drittens genannten Aspekte bewegen und beschäftigen mich am meisten; denn ich hielte es für falsch, die Einheit der Nation vorwiegend aus der Vergangenheit her zu sehen oder gar unkritisch die Zeiten zu preisen, in denen es eine staatliche Einheit für die meisten Deutschen gegeben hat. Ich denke, daß ein sentimentaler Umgang mit der historischen Einheit der deutschen Nation eine Fehlbeurteilung unserer Geschichte fördert. Vielfach ist der Eindruck entstanden, nicht bei Historikern, aber bei einem großen Teil der 60 Millionen Menschen, die heute in unserem Staat leben, als ob in unserer deutschen Geschichte vorwiegend Einheit bestanden habe. Und es wird leicht vergessen, was es an Zerrissenheit, an Auseinandersetzung, ja an Kriegen zwischen den Deutschen gegeben hat.

Im Hyperion heißt es: »Es ist ein hartes Wort und dennoch sag ich's, weil es Wahrheit ist: ich kann kein

Volk mir denken, das zerrissener wäre wie die Deutschen.« So lange ist das noch nicht her, daß Hölderlin das geschrieben hat. Und erst 1871 hat Ludwig von Gerlach nach der von vielen bejubelten Gründung des Bismarck-Reiches etwas Ähnliches gesagt, nämlich: »Und – wo ist die Einheit Deutschlands? Seit 1648 war es nicht so zerrissen als jetzt.«

Das ist gerade erst 100 Jahre her. Zur gleichen Zeit mußten die Führer der Sozialdemokratischen Partei, Bebel und Liebknecht, die fortbestehende innere Zerrissenheit sehr persönlich erfahren. Sie saßen im Gefängnis, als in Versailles das Deutsche Reich gegründet wurde. Herr Conze (oder war es Herr Groh?) hat gesagt, sinnfälliger hätte kaum zum Ausdruck gebracht werden können, daß der neue Staat, in dem das nationalliberale Bürgertum die Erfüllung seiner nationalen Hoffnungen verwirklicht sah, daß dieser neue Staat die Arbeiterbewegung und deren nationale Ziele in sein politisches Fundament weder integrieren konnte noch wollte.

Nun war es unbestritten, daß Arbeiterbewegung und Sozialdemokratie die nationale Einheit nachdrücklich bejahten – ihre Führer hatten dafür seit Beginn ihrer politischen Arbeit gekämpft –, aber sie bedrohten durch ihre Demokratiebestrebung den innenpolitischen Einigkeitsmythos der Konservativen. Und dies ließ den unausgetragenen, den bei der Reichsgründung ausgeklammerten Grundkonflikt des 19. Jahrhunderts zwischen dem alten Obrigkeitsstaat und der bürgerlich-liberalen Fortschrittsbewegung auf neuer Stufe wieder hervortreten. Denn in Wirklichkeit nahm ja die Sozialdemokratie damals nur die Ideale des bürgerlichen Emanzipationsstrebens beim Wort und suchte sie zur Konsequenz zu führen.

Das alles paßte nicht in den konservativen Einigkeitswahn. Obrigkeitsstaat und große Teile des Adels und des Bürgertums wehrten gemeinsam solche Bestrebungen ab.

Ebenso unberechtigt wie folgerichtig sind dann später die Sozialdemokraten als vaterlandslose Gesellen denunziert und noch später als November-Verbrecher und als Verräter verfemt worden, nachdem sie in der Weimarer Republik den endlich und entscheidend mit ihrer Hilfe errichteten bürgerlichen Verfassungsstaat auch gegen wichtige Teile des Bürgertums verteidigt hatten, welche inzwischen ihrerseits die sogenannte »nationale Erhebung« mit Wohlwollen begleiteten. Die Proklamation der Volksgemeinschaft bedeutete dann den bisherigen Höhepunkt des Einigkeitswahns und gleichzeitig das Ende einer Demokratie, für deren Verwirklichung die Sozialdemokraten seit ihren politischen Anfängen gekämpft hatten.

Wir dürfen diese Aspekte der deutschen Geschichte nicht beiseite schieben, wenn wir historisch über die Einheit der Nation reden. Und ich sehe den Auftrag aus der Präambel des Grundgesetzes, in freier Selbstbestimmung die Einheit und Freiheit Deutschlands zu vollenden, auch vor diesem Hintergrund.

Vieles an der Gegenwart der Teilung erfüllt uns mit Bitterkeit. Hier besteht die Aufgabe, alles zu tun, um die menschlichen Nöte, die Schwierigkeiten der Teilung ertragbar zu machen. Wir können den durch Hitler ausgelösten gegenwärtigen Zustand Deutschlands nicht durch, wie manche wollen, »mehr Härte«, durch ständige Anklagen oder durch Androhung von Sanktionen verändern oder die Kriegsfolgen ungeschehen machen. Im Gegenteil. Solche Versuche würden zusätzliche Gefährdungen auslösen.

Was die Zukunft der deutschen Nation betrifft, so müssen wir nüchtern feststellen, daß die politischen Konstellationen in der Gegenwart keine Möglichkeiten bieten, die Teilung Deutschlands in zwei Staaten zu überwinden. Und wenn die beiderseitige Arbeit zur Entspannung zwischen diesen beiden durch eine neue Konfrontation abgelöst würde, so hätte darunter niemand mehr zu leiden als die Deutschen, insbesondere die auf der anderen Seite.

Es gibt keinen anderen Weg, für die Einheit der deutschen Nation politisch Sinnvolles zu tun, als die Politik des Friedens und der Entspannung fortzusetzen und die Wiederherstellung der geistigen, kulturellen, ökonomischen Einheit ganz Europas zu betreiben. Dies war durch Jahrhunderte immer eine Einheit aus der Vielfalt. Und ich denke, die Geschichtslehrer und die Geschichtsschreiber sollten uns aus der Enge überkommener nationalgeschichtlicher Perspektiven herausführen und uns allen die Augen öffnen für die

Vielfalt der geschichtlichen Konstellationen Europas und für Europas in gegenseitiger Befruchtung entstandenen Reichtum.

Die Geschichte der europäischen Zivilisation, unserer Sprachen, unserer Literatur, unserer Kirchen, unserer Universitäten ist eine Geschichte, die aus der Vielfalt ihrer Vermischung und aus gegenseitiger Berührung und Befruchtung entstanden ist – eine Geschichte, so betone ich immer wieder, aus der weder Oxford weggedacht werden kann noch Cluny, noch Sagorsk, die Venedig und Nowgorod, die Prag und Aachen, die Paris und Krakau, die Byzanz und Rom und alles das miteinschließt.

Europa beschränkt sich nicht auf den Kreis derjenigen Staaten, die gegenwärtig in der Europäischen Gemeinschaft und demnächst zusätzlich in einem Währungsverbund vereinigt sind und die sich nächstes Jahr, zu meiner Freude, ein gemeinsames Parlament wählen werden – sondern alle Völker Europas sind so geworden, wie sie heute sind, auf Grund einer gemeinsamen Geschichte, zu der Puschkin oder Tolstoi ganz genauso gehören wie Shakespeare oder Petrarca oder Schiller.

Dies alles entstammt einem und demselben geschichtlichen Kontinuum. Wir können Europa nicht und wir dürfen Europa nicht einengen auf seinen westlichen Teil, geistig nicht, geschichtlich nicht, politisch nicht. Wir müssen offenbleiben. Und wir Europäer müssen dazu nicht nur die Unterschiede, sondern auch die Gemeinsamkeiten unserer geschichtlichen Entwicklungen besser erkennen und ins Bewußtsein heben, damit wir wieder Europäer werden können, wenn wir doch zugleich auch Deutsche oder Polen oder Franzosen bleiben wollen.

Wir, die Russen, die Tschechen, die Ungarn, die Italiener, die Holländer, die Skandinavier, die Engländer, wir römischen Katholiken, griechisch Orthodoxe, wir Lutheraner und Calvinisten, Juden und Freidenker und Dissidenten, wir haben dies alles, was wir besitzen, ja nicht jeder allein erworben, sondern wir haben uns jeder gegenseitig befruchtet. Und so sind wir zu dem gelangt, was wir heute besitzen. Zum Teil haben wir es ursprünglich aus den Quellen des Christentums empfangen, zum Teil aus den Quellen des klassischen Altertums, aber wir haben es gemeinsam fortentwikkelt.

Wir müssen füreinander offenbleiben, die wir dies gemeinsam erarbeitet haben, damit sich die Katastrophen nicht wiederholen, die zu der gegenwärtigen Teilung des geschichtlich gewordenen Europas geführt haben.

Wir können dabei gewiß auf Vorsicht, auf Voraussicht nicht verzichten, nicht verzichten auf Sicherheit und Verteidigungsbereitschaft zugunsten unserer Freiheit, nicht verzichten auf sorgfältige außenpolitische Kalkulation, auf Umsicht und Klugheit nicht verzichten. Aber eines müssen wir immer wissen: Wer von uns den Kompromiß mit dem Nachbar nicht suchen will oder nicht suchen kann, der wäre für die friedliche

Wiederherstellung Europas nicht tauglich. Und hier komme ich zum Ausgangspunkt meines Gedankens über die Einheit der Nation zurück: nur die Wiederherstellung des geistigen Zusammenhangs von ganz Europa, nur die Wiederherstellung des wirtschaftlichen Zusammenhangs von ganz Europa, trotz all seiner gegenwärtig bedrückenden politischen Formen, nur sie bietet eine Chance für die dereinstige zukünftige Vereinigung unserer eigenen Nation unter einem gemeinsamen Dach.

Alles andere halte ich für Illusion. Unsere Nachbarn in Ost und West beobachten sorgfältig, was wir Deutschen tun, was wir in beiden deutschen Staaten tun, um zu prüfen, wie sie uns einschätzen sollen, ob wir gelernt haben aus unserer Geschichte.

Wir selbst sollten uns die Geduld der polnischen Nation zum Vorbild nehmen. Die deutsche Frage braucht Zeit. Sie kann nur in guter Nachbarschaft – mit Franzosen genauso wie mit Polen und mit Russen – und in Partnerschaft lösbar gemacht werden.

An dieser Stelle möchte ich (quasi als Exkurs) meine Dankbarkeit für die deutsch-polnischen Schulbuchgespräche zum Ausdruck bringen. Ich begrüße sehr, daß es deutschen und polnischen Historikern gelungen ist, zum Prozeß der Verständigung zwischen beiden Völkern beizutragen. Damit eine gemeinsame Darstellung einer an Verwicklungen und Leiden reichen Geschichte zweier Nationen möglich wird, muß man die eigene Geschichte ohne Vorurteil prüfen. Die Eliminierung, die Verdrängung von Teilen der Geschichte kann nicht helfen, Streitfragen zu lösen. Ich weiß: Die polnischen staatlich beauftragten Wissenschaftler haben sich an der einen oder anderen Stelle gegenüber ihren ungebundenen deutschen Verhandlungspartnern ein bißchen zu entschlossen durchgesetzt. Keine Seite darf sich überfahren lassen, darf andere überfahren, niemand soll sich überfahren fühlen. Aber insgesamt ist durch diese Arbeit doch ein großer Fortschritt erreicht, und viele Tausende von Menschen auf beiden Seiten sind zum Nachdenken gebracht worden über die unendlich reichhaltige und übrigens ungemein interessante gemeinsame deutsch-polnische Geschichte. Wenn man sich hineinvertieft, lernt man manches, was man sich ganz falsch vorgestellt hatte, weil es einem von Kindesbeinen an nicht richtig dargestellt worden war. Ein Blick auf Ihr Vorlesungsverzeichnis, was diese Tagung angeht, führt mich zu der Hoffnung, es möchten beim nächstenmal sehr viel mehr ausländische Gäste zu Worte kommen. Die internationale Berührung ist notwendig.

Übrigens hat das deutsch-polnische Bemühen um bessere Kenntnisvermittlung auch das Verlangen nach vermehrtem Geschichtsunterricht gestärkt. Es ergibt sich fast von selbst, daß die Schulbuchüberprüfung auf die Frage nach der Anwendung in der Schule hinlenkt, weil die beste Revision nutzlos ist, wenn sie auf nicht verwendete Bücher beschränkt bliebe. An dieser Stelle wird deutlich, daß das Fach Geschichte durchaus Möglichkeiten zur Stärkung seiner eigenen Stellung hat, wenn es sich nur bereitwillig genug auf Probleme einläßt, die für die Erkenntnis der gegenwärtigen Wirklichkeit bedeutsam sind.

Die Beispiele von nationalen Minderheiten in manchen Grenzgebieten an den deutsch-dänischen, deutsch-belgischen und deutsch-französischen Grenzen sind lehrreich. Wenn Sie sich zurückerinnern, was die Grenzlandfragen in den letzten Jahrhunderten bedeutet haben und wie sie heute bewertet werden, so sehen Sie, daß Probleme, um derentwillen die Völker generationenlang bereit waren, gegeneinander Kriege zu führen, sich später als überholt, ja fast als nichtig herausstellen können. Jedenfalls seit mehreren Jahrzehnten ist es in Europa für viele Menschen ungleich wichtiger geworden, ob sie diesseits oder jenseits einer ein politisches System abschottenden Grenze leben müssen – ungleich wichtiger als die alten Nationalitätenprobleme an den Grenzen.

4.

Zum Schluß, meine Damen und Herren, ich habe keine Sorge vor dem Wettbewerb der politischen Systeme. Ich denke daran in großer Gelassenheit. Der Wille zu Freiheit und Menschenwürde zieht sich durch die Geschichte, solange sie aufgezeichnet wird. Das wird so bleiben. Ideologen und Ideologien kommen, aber sie werden auch wieder verdrängt. In dem Maße, in dem wir selbst die Würde der Person, ihre Grundfreiheiten, ihre Grundrechte, in dem wir selbst ein Gemeinwesen der sozialen Demokratie, der Gerechtigkeit verwirklichen, in dem Maße fördern wir unsere gemeinsame Zukunft und brauchen vor dem Wettbewerb keine Sorgen zu haben.

Das Motto eines anderen diesjährigen Historikertreffens in Tutzing war: »Blick zurück in die Zukunft.« In dieser auf den ersten Blick etwas überraschend anmutenden Überschrift »Blick zurück in die Zukunft« wurde gut zum Ausdruck gebracht, daß wir nicht nur Geschichte zu bewältigen, sondern daß wir auch zukünftige Geschichte vorzubereiten haben.

Spätere Generationen werden über uns, über unsere Politik, über unsere Lehre, über unsere Wissenschaft urteilen. Wir müssen eine Gegenwart schaffen, die unsere Kinder oder unsere Enkel späterhin gerne akzeptieren können als ihre eigene Geschichte. Lassen Sie uns dabei bitte den Stolz auf unsere gegenwärtige Leistung nicht zu kurz kommen. Herzlichen Dank!

Mahnung und Verpflichtung
des 9. November 1938[*]

Beim Propheten Jesaja heißt es: »Wie geht das zu, daß die fromme Stadt zur Dirne geworden ist? Sie war voll Rechts, Gerechtigkeit wohnte in ihr, jetzt aber – Mörder.«
Herr Bundespräsident, verehrte Kölner Bürgerinnen und Bürger, verehrte Juden und Christen und Freidenker in Deutschland!
Die deutsche Nacht, zu deren Gedenken wir uns heute nach vierzig Jahren versammelt haben, bleibt Ursache für Bitterkeit und Scham. Wo Gotteshäuser brannten, wo auf einen Wink der Machthaber zerstört und geraubt, gedemütigt, verschleppt, eingekerkert wurde, da gab es keinen Frieden mehr, keine Gerechtigkeit, keine Menschlichkeit mehr. Der 9. November 1938 war eine Station auf dem Weg in die Hölle.

1.

In dieser Gedenkstunde muß zunächst von Ereignissen und Tatsachen gesprochen werden, von Verhängnissen und Verbrechen, für deren Bewertung heute

[*] Ansprache in der Großen Synagoge Köln am 9. November 1978

genausowenig ein hilfreiches Vokabular zur Verfügung steht wie damals.

Die Synagoge war 1938 wie zu allen Zeiten Gottes-
haus, Raum des Gebetes der Gemeinde. Die Synagoge
war aber für die seit dem Frühjahr 1933, seit den
»Nürnberger Rassengesetzen« von 1935 in immer är-
gere Bedrängnis gebrachte jüdische Minderheit zugleich ein Symbol des jüdischen Lebens in Deutschland – auch für jene, die am religiösen Leben nicht
teilnahmen. Als die Synagogen zerstört wurden, begann dieses Leben zu erlöschen.

Drei Jahre später folgte der Entschluß der Machthaber
zu der von ihnen so genannten »Endlösung der Ju-
denfrage«, der Entschluß zum Massenmord, den sie
sodann mit kalter Energie und zweckgerichteter Brutalität im Bereiche ihrer Herrschaft in die Tat umge-
setzt haben.

Wer um Frieden bittet und darüber hinaus um Versöhnung, der muß wahrhaftig sein, der muß zur
Wahrheit sich fähig machen. Die Wahrheit ist: heute
vor 40 Jahren wurden 30 000 jüdische Mitbürger ver-
haftet, die allermeisten von ihnen in Konzentrationslager verschleppt, 91 jüdische Menschen wurden er-
mordet, sehr viele wurden gequält. Die Wahrheit ist:
267 Synagogen wurden verbrannt oder zerstört; viele
Tausende Geschäfte und Wohnungen wurden verwü-
stet.

Ich mag für die Verbrechen jener Nacht jenes Wort
nicht benutzen, das in diesen Tagen vielfältig, aber

zum Teil eben auch gedankenlos bagatellisierend, für diese Ereignisse in Gebrauch ist.

Die Wahrheit ist auch, daß sehr viele Deutsche die Verbrechen und Vergehen mißbilligt haben; ebenso: daß sehr viele andere davon damals nichts oder fast nichts erfuhren.

Die Wahrheit ist, daß gleichwohl sich dies alles vor den Augen einer großen Zahl deutscher Mitbürger ereignet hat, daß eine weitere Anzahl von den Geschehnissen unmittelbar Kenntnis erhielt.

Die Wahrheit ist, daß die meisten Menschen furchtsam schwiegen; daß auch die Kirchen furchtsam schwiegen – obgleich doch Synagoge und Kirche dem gleichen Gott dienen und im Geist desselben Testaments verwurzelt sind.

2.

Der deutsch-jüdische Philosoph Martin Buber hat vor fünfundzwanzig Jahren in der Paulskirche gefragt: »Was bin ich, daß ich mich vermessen könnte, hier zu vergeben?« Aber er hat später in derselben Rede auch gesagt: »Mein der Schwäche des Menschen kundiges Herz weigert sich, meinen Nächsten deswegen zu verdammen, weil er es nicht über sich vermocht hat, Märtyrer zu werden.«

Märtyrer freilich hat es später gegeben – in den Kirchen, in der Arbeiterbewegung, im Bürgertum und im Adel.

Einer von ihnen, General Henning von Tresckow, hat

unmittelbar nach der Nachricht vom Scheitern des Aufstandes vom 20. Juli 1944 gesagt: »Wenn Gott einst Abraham verheißen hat, er werde Sodom nicht verderben, wenn auch nur zehn Gerechte darin seien, so hoffe ich, daß Gott auch Deutschland um unseretwillen nicht vernichten wird.«

Ungezählte Deutsche haben ihres Widerstandes wegen den Tod gefunden. Wie hatte aber dies ungeheure kollektive Verbrechen geschehen können? Was war vorangegangen, daß ein so unerhörtes gemeinsames Verbrechen durch viele Täter sich reibungslos vollziehen konnte? Wie hatte es im Deutschen Reich zu jenem dem Verbrechen vorangehenden Prozeß der Auflösung der deutsch-jüdischen Verbindung kommen können?

3.

Wir wissen, daß das Verhältnis zwischen jüdischer Minderheit und nicht-jüdischer Mehrheit in Deutschland nie frei von Spannungen gewesen war. Wieso aber die in diesem Verhältnis enthaltenen Spannungen so entarten konnten, daß schließlich die Katastrophe ermöglicht wurde, das ist eine Frage zugleich der jüdischen und der deutschen Geschichte. Ihre Erforschung rührt an Grundprobleme der jüdischen wie der deutschen Situation – darüber hinaus vielleicht sogar an Grundprobleme der menschlichen Seele.

Seit der Aufklärung des 18. Jahrhunderts und der ihr folgenden jüdischen Emanzipation gab es zunächst wohl nur wenige Völker in Europa, in denen die Juden sich heimischer fühlten als bei uns. Es gab kaum ein Volk, in dem der jüdische Anteil in Gesellschaft und Staat, in Kunst, Literatur, Philosophie und Wissenschaft stärker gewesen wäre als bei uns. Ich erwähne beispielhaft einige wenige Namen: Moses Mendelssohn, das Urbild von Lessings Nathan, Heinrich Heine, Arthur Schnitzler, Franz Kafka, Franz Werfel, Stefan Zweig, Karl Kraus; Lassalle, Marx, Oppenheimer, Scheler, Gundolf, Buber, Mannheim; Franz Marc, Max Liebermann, Arnold Schönberg; und schließlich Albert Einstein.

Sie wie die meisten der 700 000 Juden in Deutschland fühlten sich – trotz des schon vor hundert Jahren sichtbaren Menetekels antisemitischer Hofprediger – nicht als Angehörige einer eigenständigen nationalen Minderheit, sondern als Deutsche. Und sie wurden zumeist als Deutsche betrachtet. Sie haben, untrennbar, an unserer geistigen Geschichte mitgewoben.

Wir schulden ihnen ebenso Dank wie allen unseren geistigen Vorvätern. Wir sollten wissen, daß mit der Vertreibung der Juden und mit dem Mord an ungezählten jüdischen Mitbürgern unser Volk geistiger Schöpfungskräfte beraubt worden ist, die bis heute nicht ersetzt sind und die unersetzlich bleiben.

4.

Wenn es aber doch nie wieder vorkommen darf, daß deutsche Bereitschaft zur Pflichterfüllung, zum Gehorsam, zum Einsatz für Ideale zu Kadavergehorsam pervertiert und irregeleitet wird in gemeinsames verbrecherisches Handeln, dann genügt es noch nicht, ein Widerstandsrecht ins Grundgesetz geschrieben zu haben. Sondern dann müssen wir die jungen Menschen unseres Volkes durch Vermittlung historischer Kenntnisse und durch unser eigenes Beispiel dahin erziehen, daß sie nach dem moralischen und menschlichen Wert und dem Sinn ihrer Handlungen fragen – auch dann, wenn diese ihnen als aufgegeben erscheinen mögen in einem Treueverhältnis oder in einer Gehorsamspflicht zu einer »Idee« oder zu einem Gesetz.

Wenn wir es besser machen wollen als die damaligen Generationen, dann müssen wir wissen, was jene falsch gemacht und warum sie gefehlt haben.

Die damaligen Generationen konnten 1933, 1935 oder 1938 die Katastrophe einer anti-humanen Diktatur nicht mehr verhindern, weil ihnen die Demokratie, die 1918 ausgerufen war, schon aus den Händen geglitten ist, noch bevor sie die Demokratie bewußt angenommen und entfaltet hatten.

Das am 9. November 1918 unversehens empfangene politische Erbteil war ohne eine gemeinsam annehmbare geistige Hinterlassenschaft gewesen. Das kulturelle Erbteil dagegen entstammte vielfach einer demokratiefeindlichen Kultiviertheit, die Thomas Mann treffend als »machtgeschützte Innerlichkeit« bezeichnet hat.

Die Untertanen-Mentalität war keineswegs überwunden, der der große Teil des Bürgertums – nach der Selbstaufgabe von dessen politischem Freiheitswillen in der zweiten Hälfte des vorigen Jahrhunderts – sich hingegeben hatte.

Der klaffende Gegensatz zwischen wirtschaftlich-technischer Modernität und politisch-gesellschaftlicher Reaktion des kaiserlichen Deutschland wurde keineswegs überwunden, als der Obrigkeitsstaat 1918 plötzlich zusammenbrach. Demokratisch unerzogen und politisch unvorbereitet, sahen sich Bürgertum und Landvolk mit den Möglichkeiten und den Gefährdungen der parlamentarischen Demokratie und mit einer offenen Gesellschaft konfrontiert.

Viele begriffen die Demokratie nur als Technik und nicht als sittliche Einstellung, bei welcher die Würde des Menschen oberster Grundsatz ist.

Die Demokratie konnte aber weder mit ihren inneren Feinden noch konnte sie mit ihren – durch Versailles und danach durch die erste Weltwirtschaftskrise noch verschärften – enormen ökonomischen und sozialen Problemen fertig werden.

Viele Deutsche jener Epoche, die sich zum Teil der Schutzwälle zugunsten ihrer alt-gewohnten Privilegien beraubt sahen, die sich zum anderen Teile ihrer schimmernden Idole beraubt sahen, die zum dritten Teile über Kriegsausgang, Sinnlosigkeit der Opfer und Verkleinerung des Reiches tief enttäuscht waren, sie alle verachteten und haßten die Demokratie und die

Demokraten, weil sie nach Schuldigen suchten, auf die sie ihre Wut richten konnten.

Das galt auch für viele Beamte und Soldaten und Richter. Feinde der demokratischen Verfassung blieben oder wurden Staatsanwälte, Richter und beamtete Staatsrechtslehrer. Vom Kaiserreich über Weimar bis zur Rechtfertigung der Morde in der Röhm-Affäre, von der Rechtfertigung der Durchbrechung der Verfassung und der Akzeptanz der vom Führer eigenmächtig gegebenen rechtswidrigen Befehle vollzog sich bis zum Volksgerichtshof ein kataraktartiger, aber folgerichtiger Verfall der politischen Justiz.

Das Wort Jesajas erfüllte sich: Aus der Stätte des Rechtes und der Gerechtigkeit wurde eine Behausung der Mörder.

Die Flucht in den Haß fand ihre Ziele: Demokraten, Gewerkschafter, Künstler, Dichter, Gelehrte, Bekenner insgesamt – sie alle trieb man ins Exil oder ins Konzentrationslager.

In den Juden aber traf man die Aufklärung und die freiheitliche Emanzipation im Kern! Das jüdische Schicksal in Deutschland war ja wesentlich geistige, gesellschaftliche, politische Emanzipation gewesen – menschliche und menschheitliche Emanzipation. Wer alles Streben nach Emanzipation für verdammenswürdig hielt, der war allerdings verführbar, das Judentum als Sündenbock für all seine eigenen Ängste und Frustrationen zu akzeptieren und diese am Judentum auszulassen.

Es waren Hitler und seine Gesellen, die Deutschland und seine Juden und unsere Nachbarvölker mit unerhörter krimineller Energie in die Katastrophe führten – aber der Boden war schon vorher bereitet gewesen. Die Erziehung zur Demokratie, die Erziehung zum eigenen Urteil, die Erziehung zur Humanitas, die Erziehung zu Würde und Freiheit der Person hatte generationenlang vorher nicht ausgereicht.

Allein die Arbeiterbewegung, das Zentrum und nur schmale Schichten des Bürgertums hatten sich dieser Erziehung angenommen. Zwischen 1919 und 1930 wurde offenbar, daß diese Kräfte nicht zahlreich genug, nicht stark genug waren, um die zentrale Aufgabe der Erziehung zur Liberalität und zur Humanitas nach Tiefe und Umfang ausreichend zu lösen.

5.

Warum blicken wir auf dies alles heute zurück?

Nicht, um uns zu distanzieren von unserer eigenen Geschichte. Nicht, um mit dem Finger auf andere zu zeigen, die Schuld auf sich geladen haben. Sondern wir blicken zurück, weil unsere Generation und die nachfolgenden Generationen lernen wollen, wie Juden und Nicht-Juden in Deutschland friedlich miteinander leben können.

Wir blicken zurück, um zu lernen. Wir blicken zurück und versuchen zu begreifen und zu bewerten, damit die Konsequenzen gezogen werden können. Damit diejenigen einen unbefangenen Umgang miteinander finden können, die damals Kinder waren oder die erst später geboren wurden – das sind in Deutschland mehr als zwei Drittel aller Bürger.

Wir gedenken, um zu lernen, wie Menschen miteinander umgehen sollen und wie sie miteinander nicht umgehen dürfen.

Es kann nicht darum gehen, unser Volk in den Schuldturm der Geschichte zu werfen. Ich wiederhole, was ich in Auschwitz sagte: Die heute lebenden Deutschen sind als Personen zu allermeist unschuldig. Aber wir haben die politische Erbschaft der Schuldigen zu tragen und aus ihr die Konsequenzen zu ziehen. Hier liegt unsere Verantwortung.

Es wäre sehr unredlich und außerdem gefährlich, die junge Generation mit Schuld belasten zu wollen. Aber sie trägt unsere Geschichte mit, sie ist – wie wir selbst – Teil unserer Geschichte. Die Teilhabe nimmt uns und sie in die Verantwortung für morgen und übermorgen. Ich füge aber mit großem Nachdruck hinzu: auch junge Deutsche könnten noch mitschuldig werden, wenn sie ihre aus dem damaligen Geschehen erwachsene heutige und morgige Verantwortung nicht erkennen.

Die jungen Deutschen sollen wissen: mit der Suche nach Sündenböcken hat es angefangen. Mit Gewalt gegen Schriften und Bücher und mit Gewalt gegen Sachen hat es sich fortgesetzt. Die Gewalt gegen Menschen war dann nur noch die vorbereitete Konsequenz.

Mit der Verachtung der Würde eines Mitmenschen,

mit dem Niederbrüllen von anderer Bürger Meinung hat es begonnen. Mit der pauschalen Verurteilung des ganzen demokratischen Systems setzte es sich fort. Der Mord war schließlich nur noch die vorbereitete Konsequenz.

Die Parallelität allen Terrorismus' muß offengelegt werden, wenn wir lernen wollen! Die unentrinnbar sich entfaltende Konsequenz aus anti-humanen Verhaltensweisen muß verstanden werden, wenn wir lernen wollen!

Die Verdammungswürdigkeit aller Pauschal-Verurteilungen muß erlebt werden, wenn wir lernen wollen – seien sie gerichtet gegen »die Juden«, »die Deutschen«, »die Kommunisten«, die »Kapitalisten«, gegen »das System« oder gegen »das Establishment«.

Die Fähigkeit zum unabhängigen, individuellen, eigenständigen kritischen Urteil muß ausgebildet werden.

Und es muß gelernt werden, daß es in unserer zerstrittenen Welt und in jeder Gesellschaft darauf ankommt, die Freiheit als einen Handlungsspielraum zu begreifen, in dem es für die Freiheit des einzelnen und der Gruppen durchaus rechtliche und moralische Grenzen gibt.

Demokraten zu erziehen heißt, jungen Menschen das Augenmaß für Freiheit und Bindung zu geben. Sie zur Erkenntnis von und zum Respekt vor der Würde und der Unverletzlichkeit der Person jedes anderen zu befähigen. Sie zu lehren, die Humanitas, die res publica, das Recht und den Frieden als die Grenzen der Verfolgung eigener Interessen und eigener Konflikte zu begreifen.

Erziehung zur Demokratie heißt Erziehung zur Verantwortung für die Folgen des eigenen Handelns.

Zur Verantwortung der Folgen eigenen Handelns oder Nicht-Handelns gehört auch dieses: wo immer wir Angst begegnen, da müssen wir sie ernst nehmen. Sie kann eingebildet oder eingeredet sein. Wir müssen sie verstehen und sie entkräften; oder wir müssen Abhilfe schaffen. Denn aus Angst – das haben wir aus der Zeit von 1918 bis 1930 zu lernen! – kann Wahn und Hysterie, kann Aggressivität entstehen. Der Wahn, die Schuld für eigene Beschwer läge bei einem anderen. Die Hysterie, diesen anderen zum Sündenbock zu machen. Die Flucht sodann in Haß und Aggression, dies alles sind Gefährdungen nicht bloß einer einzigen Generation, nicht nur in einem einzigen Volke. Wir müssen diesen Gefahren entgegentreten – durch Erziehung und durch eigenes Beispiel.

Wir heutigen Deutschen, die wir mit unseren Nachbarn Verständigung, Ausgleich und Frieden suchen, die wir im Geiste einer freiheitlichen Verfassung sozialen Ausgleich und Frieden im Innern bewahren wollen, wir müssen uns an diesen Ansprüchen messen lassen.

Wir sehen manche Sorge und manches Erschrecken bei vielen Mitbürgern – Juden ebenso wie Nicht-Juden –, wenn Zeichen einer vermeintlichen Wiederkehr nationalsozialistischen Gedankenguts auftauchen oder wenn mordwütiger Terrorismus an die Morde erinnert, deren Opfer zu Beginn der ersten deutschen Republik Rathenau, Erzberger, Luxemburg und Liebknecht gewesen sind.

Wir teilen die Empörung.

Zugleich haben wir uns aber zur rechtsstaatlichen Mäßigung und zur Verhältnismäßigkeit der Mittel in der Abwehr solcher Gefahren diszipliniert. Bei dieser Selbstdisziplin werden wir bleiben. Denn wir wollen das Übel des Anarchismus nicht mit dem Übel eines antiliberalen Über-Staates austreiben und vertauschen.

Wir bitten aber auch die Juden in der Welt und alle unsere Nachbarn mit ernstem Nachdruck, unsere zweite deutsche Demokratie nicht an jenen wenigen verirrten Extremisten und Terroristen zu messen, die auch in anderen Staaten kaum irgendwo belehrt oder verhindert werden können.

An dieser Stelle will ich dem Zentralrat der deutschen Juden dafür danken, daß er in dieser Frage immer wieder öffentlich unsere Zuversicht geteilt hat: der Rechtsextremismus findet bei uns sicherlich keine Heimstätte mehr – wie auch der Linksextremismus nicht.

6.

Wir werden des Rates unserer jüdischen Mitbürger bald in einer anderen Frage bedürfen, die jeden von uns in persönliche Verantwortung rufen wird.

Der vom geltenden Gesetz vorgesehene Eintritt der Verjährung einer Mordtat nach dreißig Jahren wirft im Hinblick auf 1979 eine schwerwiegende Frage auf. Sie verlangt nach einer Entscheidung, bei der wichtige moralische Prinzipien miteinander in Widerspruch geraten müssen.

Wir Politiker und Gesetzgeber werden zuhören, was unsere jüdischen Mitbürger, was unsere Freunde in Israel und was unsere Nachbarn dazu sagen werden. Wir werden – jeder für sich – darum bitten, daß unser Gewissen uns in dieser Frage recht handeln läßt. Wir hoffen dabei auf Rat und Beteiligung vieler. Auch auf den Rat unserer Kirchen. Denn wir erinnern uns dankbar an die Stuttgarter Erklärung der Evangelischen Kirche in Deutschland von 1945, ebenso an das ergreifende Wort Papst Johannes XXIII. während des Zweiten Vatikanischen Konzils – Worte, in denen beide Kirchen die Juden um die Hand zur Versöhnung baten. Auch die Erklärung, die beide Kirchen zum heutigen Tage veröffentlicht haben, bauen auf diese Versöhnung, sie sprechen aus dem Geiste der Verständigung. Alle sollten sich daran erinnern, daß wir alle auf demselben tragenden Boden stehen, daß wir weithin dasselbe Buch für uns gelten lassen: die jüdische Bibel – das Alte Testament der Christen.

7.

Der Ägypter Anwar el-Sadat hat mir während langer
Gespräche in eindrucksvoller Art seine Sicht der ge-
meinsamen geistigen und geschichtlichen Wurzeln des
Judentums, des Christentums und des Islams erklärt.
Er hat auf die gemeinsame Heimat, nämlich auf Sinai,
hingewiesen und auf die gemeinsamen Propheten. Mit
großer innerer Überzeugung fragte er: Und es soll nicht
möglich sein, daß zwischen diesen drei Frieden ist?
Ich füge Albert Einsteins rhetorische Frage hinzu: Wer
will bezweifeln, daß Moses ein besserer Führer der
Menschheit war als Machiavelli!
Ich weiß, daß Begin und Sadat gleicherweise in den
religiösen Traditionen ihrer Völker verwurzelt sind.
Ich bin überzeugt, daß diese beiden Männer den Frie-
den ihrer eigenen Völker und ihrer Nachbarvölker
wollen. Ich weiß, daß dies für viele Staatsmänner jener
Weltregion gilt.
Wir Deutschen wünschen von Herzen, daß Juden,
Muslims und Christen, daß Israelis und Araber in
einem gerechten Frieden miteinander zu leben lernen.
Dem Gebot der Wahrhaftigkeit folgend, bejahen wir
das Selbstbestimmungsrecht für alle Völker im Nahen
Osten. Wir wissen: ein Leben frei von Not und von
Bedrückung ist notwendig, damit die Menschen Frie-
den halten können.
Als deutscher Bundeskanzler, der heute zugleich zu
allen Juden in der Welt spricht und für den die Kölner
Synagoge die Stelle aller Synagogen in der Welt ver-

tritt, füge ich einen Wunsch hinzu: Mögen alle Menschen im Nahen Osten, die bisher noch abseits stehen, sich dem friedensstiftenden Geschehen dieser Tage zuwenden! Mögen alle Völker und Staaten ihren Beitrag zum Frieden leisten.

Mögen sie alle erkennen, daß der Frieden ein Sieg des »homo humanus« über den »homo anti-humanus« ist, um noch einmal Martin Buber zu zitieren. Mögen sie alle wissen und beherzigen, daß der Frieden nicht möglich ist ohne den allseitigen Willen zu Ausgleich und Kompromiß! Mögen sie alle erkennen, daß in der Tat Moses ein besserer Leitstern ist als Machiavelli!

8.

Ich kehre zu uns Deutschen zurück und stelle fest: Uns steht es nicht an, die Juden der Welt zur Versöhnung aufzurufen. Wohl aber dürfen wir um Versöhnung bitten.

Wer sich versöhnen will, wer sich die Hand reichen, wer friedlich mit seinem Nächsten leben will, der muß den Kopf heben und den anderen anblicken. Lassen Sie uns deshalb Begegnungen zwischen Juden und Katholiken und Protestanten, zwischen Gläubigen und Freidenkern fördern, auch zwischen Israelis und Deutschen, wo immer dies möglich ist. Die ungewöhnlich große Zahl von Begegnungen junger Deutscher und junger Israelis erfüllt mich mit Freude. Die christlich-jüdische Zusammenarbeit erfüllt mich mit Zuversicht.

Wenn der Bundeskanzler seine jüdischen Mitbürger in diesem Staate und in dieser Stadt aus Anlaß des besonderen Tages anblickt, wenn er ihnen dankt und sie weiterhin um Mitarbeit in Staat und Gesellschaft bittet: dann tut er dies für die ganz große Mehrheit der heute lebenden Deutschen.

Und wenn in dieser Synagoge auch zwei Kölner Schulklassen sich an der Gedenkfeier beteiligen, so tun sie dies an Stelle der ganz großen Mehrheit der Jugend unseres Volkes.

9.

Ich weiß, daß die große Mehrheit der Menschen in unserem Staat die gleichen Lehren gezogen hat, die ich heute zu formulieren versucht habe.

Aus der gleichen Grundeinsicht sind vor dreißig Jahren unser Grundgesetz und unser Staat entstanden. Wir haben damit einen neuen, einen guten Anfang gemacht. Wir sind stolz auf diesen Staat, stolz auf unsere offene Gesellschaft und stolz auf deren Traditionen. Wir verteidigen diesen Staat und diese Gesellschaftsform mit Entschlossenheit. Es ist der gerechteste Staat, den es bisher in der deutschen Geschichte gegeben hat. Es ist die freieste Gesellschaft unserer Geschichte.

Wir werden ihren Feinden wehren.

Wir werden die gute Tradition dieses Staates fortführen.

Wir wissen von einem großen Sozialisten, unserem französischen Nachbarn Jean Jaurés, seit langer Zeit:

Tradition bewahren heißt nicht: Asche aufheben. Sondern Tradition bewahren heißt: eine Fackel am Brennen erhalten. Die Fackel: das bedeutet die Liebe zum Menschen, das bedeutet die Achtung vor der Würde jeglicher Person. Die Fackel bedeutet den obersten Wert unseres Grundgesetzes: die Würde der Person und ihre Freiheit.

Staat und Gesellschaft aus christlicher Sicht

Weltanschauung und demokratischer Rechtsstaat[*]

Als ein Mann, der aktiv in der praktischen Politik steht, der schwer an der weiß Gott harten Bürde des Leiters einer Verwaltung, zu der fast 19000 Menschen gehören, trägt und der Mitglied einer Landesregierung ist, empfinde ich es beinahe als vermessen, wenn ich mich hier zu einem Themenkreis äußere, der zu den schwierigsten in unserer ohnedies schon nicht leicht zu bewältigenden Gegenwart gehört. Dennoch kann auch gerade der Politiker und Senator die Aufgabe, die er leisten soll, nicht meistern, hat er nicht selbst eine klare Vorstellung von eben der Position des Bürgers, des Mitmenschen in Kirche, Gesellschaft und Staat.

[*] Der vorliegende Text folgt – geringfügig redigiert – einer Rede, die am 3. Mai 1963 in Scharbeutz gehalten wurde; ursprünglicher Titel: »Die Position des Bürgers in Staat, Kirche und Gesellschaft«.

Standortbestimmung von Kirche

Das Dilemma, die Problematik dieser Position tut sich gleich zu Beginn jeder Überlegung zu dieser Frage auf: Ein und derselbe einheitliche und unteilbare Mensch steht zugleich in jenen drei großen Bereichen des wirklichen Lebens, die wir als Kirche, Gesellschaft und Staat bezeichnen. Dabei steht der Begriff Kirche hier auch für diejenigen Menschen unseres Volkes, die sich nicht zu einer der großen religiösen Glaubensgemeinschaften bekennen, also zugleich auch für deren geistige Verwurzelung in letzten Wahrheiten und Überzeugungen, seien sie nun atheistisch, pantheistisch oder wie auch immer.

Ehe ich versuchen will, die Position des Bürgers in den verschiedenen Bereichen abzustecken, möchte ich zunächst einmal erläutern, was ich unter den einzelnen Begriffen verstehe. Über die Kirchen in meinem Verständnis habe ich eben schon gesagt, daß ich unter ihnen Gemeinschaften von Menschen begreife, deren Selbstverständnis auf geoffenbarten letzten Wahrheiten und dem Glauben an sie beruht.

Staat als Organisationsform der Gesellschaft

Der Staat hingegen ist zunächst eine bestimmte Organisation, ist die Rechtsform des Volkes, die ihren Inhalt von den gesellschaftlichen Kräften empfängt. Er ist allerdings nicht die einzige politische Erscheinungsweise der Menschen, die in ihm zusammengeschlossen sind. Vielmehr zeichnet sich nach unserem demokratischen Verständnis der Staat gerade dadurch aus, daß eine Wechselwirkung besteht zwischen der durch das Mittel des Rechts in Organen verfaßten Staatsgewalt und einer staatlich nicht organisierten, nicht einmal von Staats wegen organisierbaren Gesellschaft, die politisch freie Gesellschaft, mit der zusammen der durch seine Organe mächtige und tätige Staat erst das Ganze des Volkes zur Darstellung bringt.

Ich darf das an einem Beispiel erläutern, den politischen Parteien. Weder sind sie staatlich organisiert, noch dürfen sie – soll nicht die Freiheit verlorengehen – staatlich organisiert werden. Sie sind auch nicht lediglich private Vereine, sondern sie sind vielmehr öffentlich wirksame, an der politischen Willensbildung des Volkes beteiligte und mit ihrem Inhalt den Staat und seine Organe beeinflussende und miterfüllende Gruppenbildungen aus den Kräften der freien, politischen Gesellschaft. Allerdings haben die politischen Parteien – die ich hier nur beispielhaft für die Kräfte der Gesellschaft angeführt habe – natürlich kein Monopol und keinen Anspruch darauf, ihrerseits nun diesen für das demokratische Leben des Volkes unentbehrlichen freien gesellschaftlichen Raum allein zu repräsentieren. Das gesellschaftliche Leben wird vielmehr getragen von jener Vielfalt der organisierten und unorganisierten Kräfte, durch die Menschen das Miteinander in einem Volk realisieren. Die demokratische Lebensformung wird – um auch hier wieder ein konkretes Beispiel zu nennen – im Raume des Öffentlich-Politischen auch von Kräften mitbestimmt, wie es die von politischen Parteien unabhängigen Gewerkschaften sind.

Das hat der Parlamentarische Rat damals 1948/49 auch deutlich erkannt und darum dem wichtigen Artikel 21 unseres Grundgesetzes die Formulierung gegeben, nach der die politischen Parteien an der politischen Willensbildung des Volkes »mitwirken«. Wie man heute noch in den Protokollen nachlesen kann, haben die Väter unserer Verfassung insbesondere an das Recht und die Pflicht der Gewerkschaften gedacht, an der Gestaltung der politischen Willensbildung des Volkes teilzunehmen. Natürlich haben auch wiederum die Gewerkschaften dieses Recht nicht allein.

Der demokratische Staat unterscheidet sich daher insbesondere vom autoritären dadurch, daß dieser letztere außerhalb der Staatsorganisation privates Publikum zuläßt, während der totalitäre Staat seinem Prinzip nach überhaupt nichts Gesellschaftliches duldet und schlechthin alle Kräfte in sich hineinsaugt, um sie zu verstaatlichen oder gar auf ihre Vernichtung hinzuarbeiten.

Glaubensgemeinschaften als
mitgestaltende Kräfte der Gesellschaft

So gewiß nun die Glaubensgemeinschaften Gruppen sind, zu deren Wesen es nach ihrem Selbstverständnis gehört, über diese Welt hinauszugreifen, so sicher wissen sie, die in der Welt Kirche verwirklichen, sich auch als gesellschaftliche und geschichtsgestaltende Kräfte. Die Bereitschaft zum Zusammenwirken zwischen Staatsorganisation, freier politischer Gesellschaft (einschließlich insbesondere der politischen Parteien in allen ihren Erscheinungsformen) und der Glaubensgemeinschaften im Sinne freier Partnerschaft ist daher eine selbstverständliche Folge der oben dargelegten Grundauffassungen vom demokratischen Staat.

Wenn der Staat als Rechtsgemeinschaft eines freien Volkes und als seine Aktivierung in den zu bestimmten und begrenzten Rechtsentscheidungen berufenen Staatsorganen seine Inhalte von den gesellschaftlichen Kräften her empfangen soll, so sind durch diese Aufgabe Staat und Gesellschaft und insoweit auch der Staat und die Glaubensgemeinschaften als gesellschaftliche Kräfte in gegenseitiger Unabhängigkeit aufeinander bezogen. Je auf ihre Weise nehmen eine Partei und eine durch Gemeinschaft im Glauben ausgezeichnete Gruppe – in der Wirklichkeit von heute ohnehin Gruppen, die sich weitgehend überschneiden – an der Staatsgestaltung verantwortlich teil. Freie Partnerschaft heißt dabei nichts anderes als: Ausdruck des Bewußtseins, in gegenseitiger Unabhängigkeit je auf eigene Art für ein Gemeinsames und für den seinem Wesen nach unteilbaren Menschen Verantwortung zu tragen. In diesem Sinne hatten eine evangelische Akademie und ebenso das Direktorium der katholischen Rundfunkarbeit bereits 1955 das Wort »Partnerschaft« in bezug auf den Staat, die politischen Parteien, die Kirchen und andere soziale und kulturelle Kräfte benutzt.

Welche Position hat aber nun der einzelne Mensch in dieser Ordnung?

Menschenwürde als Wertkonsens im säkularen Staat

In dem uns hier interessierenden Zusammenhang gehen die Anfänge des gegenwärtigen Staates auf die geschichtliche Katastrophe zurück, die der Dreißigjährige Krieg für Mitteleuropa bedeutete. Damals war mit Reformation und Gegenreformation eine Situation entstanden, die schließlich in der Frage gipfelte, wie es ermöglicht werden könne, im gleichen Staat gemeinsam als ein Volk zu leben, das im Glauben gespalten ist. So entdeckte der Humanismus des 17. Jahrhunderts die Menschenwürde, die dignitas humana. Sie beginnt ihre geschichtliche Wirksamkeit in der Stunde, in der das Seelenheil aufhört, die gemeinsame Staats-

formel zu sein. Nun mußte eine andere Antwort auf die
Frage gefunden werden, wie Gemeinschaft noch im
Staat geleistet werden kann, obwohl der Staat seine ihn
im Mittelalter auszeichnende Fähigkeit eingebüßt
hatte, auf gleiche Weise für alle ein Mittel zum Seelenheil und sein Wächter zu sein. Eine wahrhaft notvolle
Aufgabe!

Die Antwort der Menschenwürde als – damals neue –
gemeinsame Basis war der Ausweg. Dies bedeutete,
daß fortan nicht mehr das Übereinstimmen in der
Glaubenswahrheit, sondern das wechselseitige Anerkennen des Menschseins als eines unbedingten personalen Wertes über die Gleichberechtigung des Bürgers
im Staate und über die Erträglichkeit des politischen
Miteinander entschied.

Was nun die freiheitliche Demokratie betrifft, besteht
ihr Wesen darin, daß in ihr der einzelne Mensch nicht
nach einem letzten Maßstab meßbar gemacht und zum
objektiven Feind geächtet wird, wenn er diesem Maßstab nicht genügt.

Ob ein solcher »Maßstab« ein platter Sozialdarwinis-
mus wie beim nationalsozialistischen Rassenwahn
oder die gesellschaftliche Brauchbarkeit im Sinne eines
ökonomischen Materialismus wie beim Kommunismus ist, spielt bei dieser Ablehnung solcher letzten
Maßstäbe keine Rolle. Das Entscheidende für unsere
Auffassung von Demokratie ist, daß kein Mensch und
keine Menschengruppe sich selbst überhöht und andere Menschen oder Gruppen der Probe auf die Be-

hauptung einer letzten Wahrheit hin unterwirft. Es ist mithin nach demokratischer Auffassung keinem Menschen das Recht gegeben, den Mitmenschen – oder wenn Sie es christlich ausdrücken: den Nächsten – in seinem personalen Menschsein nach irgendeiner letzten Wahrheit abzuurteilen und ihm die Fähigkeit zur gleichberechtigten Teilhabe an der Gemeinschaft abzusprechen.

Dabei müssen wir uns davor hüten – an dieser Stelle darf das nicht unerwähnt bleiben –, daß wir nicht in den liberalistischen Irrtum des wissenschaftsgläubigen 19. Jahrhunderts verfallen, dem zufolge der Mensch sich nur kraft seiner Vernunft sein Maß selbst machen könne. Das Vertrauen darauf, daß der vernunftbegabte Mensch von Natur aus gleichsam gesetzmäßig auf Fortschritt und Freiheit festgelegt sei, ist eine der großen Selbsttäuschungen des vergangenen Jahrhunderts. Menschlichkeit, Mitmenschlichkeit und humane Gesinnung sind vielmehr stets aufs neue vor uns als die von uns zu leistende sittliche Aufgabe gestellt.

Gerade das 20. Jahrhundert mit seinen Konzentrationslagern, mit den Verbrennungsöfen von Auschwitz, Maidanek und Buchenwald, mit GPU, Gestapo und Guardia Civil hat uns nur zu deutlich vor Augen geführt, daß auch die Unmenschlichkeit eine im Wesen des Menschen angelegte Möglichkeit ist. Allen modernen Erscheinungsformen des Totalitären ist es eigentümlich, die Menschen zu manipulierbaren Wesen zu erniedrigen. Auch manchen Erscheinungen der modernen Massenzivilisation in unserer sogenannten »freien Welt« wohnt eine ähnliche Tendenz inne.

Der Wertcharakter des Staates

Die Achtung vor der Würde des anderen Menschen neben mir, des Mitmenschen, des Nächsten, ist also unsere ständige Aufgabe, sie ist aber zugleich auch von den gemeinsamen Grundwerten der entscheidende, deren Anerkennung allein das Miteinander eines geistig in sich gespaltenen Volkes in einem Staat ermöglicht. Der Staat aber, der so sich selbst die Achtung vor dem Gewissen seiner Bürger als oberste Richtschnur allen Handelns seiner Organe gegeben hat und auch im Hinblick auf das Zusammenleben von Menschen verschiedener religiöser und geistiger Grundüberzeugung den Schutz von Gewissen und Würde jedes einzelnen Menschen übernommen hat, wird so selbst ein Wert.

Mit der Anerkennung der Tatsache, daß diese Funktion des Staates bei der Bewahrung der Gewissensfreiheit durch die entsprechende Organisation seiner Rechtsordnung und seiner Macht ihn selbst zu einem Wert macht, wird auch das dumme Gerede widerlegt, eine derartige Konzeption sei relativistisch oder gar nihilistisch und leugne alle Werte; schließlich ist die Bewahrung gemeinsamer Grundwerte nicht weniger selbst ein Wert. Was nun den Staat angeht, wird er ein Wert insbesondere dadurch, daß er den einzelnen Bürger und die in ihm lebenden Gruppen von Bürgern nicht nach ihren Irrtümern relativiert, sondern auf Grund seines notwendigerweise offenen Begriffs der Menschenwürde die Personalität eines jeden leibhaftigen Menschen ohne Bedingung in ihrer unmeßbaren Werthaftigkeit als vorgegeben hinnimmt und anerkennt. Denn das Leben des Menschen, seine Würde und sein Gewissen sind dem Staate vorgegeben (Artikel 1 Grundgesetz).

Der Staat und die Gesellschaft mit all ihren Kräften sind darum nur immer etwas Vorletztes – in dem Sinne, daß es sich eben nicht um Bereiche der letzten Wahrheiten handelt. Auch und gerade die politischen Parteien sind in diesem Vorletzten angesiedelt.

Die Position des Bürgers in Staat und Gesellschaft ist darum die eines Menschen, der erstens als Glied der in diesem vorletzten Raum tätigen Gruppen und Organisationen als sich selbst frei bestimmendes Wesen geachtet werden muß, dessen Entscheidung für oder gegen bestimmte letzte Werte keiner Beurteilung oder Wertung durch andere Menschen zugänglich ist. Und zweitens: Staat und Gesellschaft erkennen an, daß der Mensch als einzelner vor Gott steht; er steht mit seinem Glauben, seiner Kirche oder seiner ethischen Grundüberzeugung im Reiche der letzten Wahrheit, in die der Staat und die Gesellschaft nicht eindringen sollen.

Im Vorletzten hingegen hat der Bürger politisch zu wirken, hier ist ihm der Dienst an der Freiheit aufgegeben. Hier ist es seine moralische, mitmenschliche Verpflichtung, eben dafür zu sorgen, daß Staat und Gesellschaft den ihnen zukommenden vorletzten Raum nicht überschreiten und so dann die Freiheit und die Menschenwürde beeinträchtigen. Hier liegt die Aufgabe für den Bürger, die Kehrseite seiner oben beschriebenen Position: er muß mit dieser Position zugleich die Freiheitlichkeit von Staat und Gesellschaft verteidigen. Hier gilt es, die Mächte auf die sie bewegenden Menschen hin durchschaubar, die Machtstrukturen transparent zu machen sowie dem Widerstand entgegenzusetzen, was uns zu fremdgesteuerten – »machbaren«, wie Schelsky sagen würde, Menschenstummeln, gleich jenen pawlowschen Hunden – Wesen zu manipulieren sucht, zu Wesen, deren Gewissen nicht mehr sperrig ist, sondern sich stromlinienförmig dem anpaßt, was »modern« ist, was »nicht auffällt«.

Entscheidend für die Freiheitlichkeit des solcherart zu verteidigenden Gemeinwesens wird immer sein, daß die Frage nach der – letzten – Wahrheit offenbleibt. Sie zu entscheiden kann nur jeder einzelne Mensch für sich allein unternehmen. Ich erinnere an Luthers berühmten Ausspruch auf dem Reichstag zu Worms: »Hier stehe ich, ich kann nicht anders!« Der Staat, die Gesellschaft haben nicht zu fragen, wo der Mensch steht – und schon gar nicht, es ihm vorzuschreiben. Das allein kann die Kirche. Vom Staat und der Gesell-

schaft her gesehen: wenn der einzelne Mensch es will;
christlich gesprochen: wenn ihm die Gnade des Glaubens geschenkt ist.

Dienst aus christlicher Verantwortung[*]

Diese Worte des Propheten, die über diesem Abend stehen, sind heute von gleicher Aktualität wie zur Zeit Jeremias. Sie sind heute nicht weniger der Diskussion wert, als sie damals sicherlich diskutiert wurden, da Jeremia die nach Babylon deportierten Juden aufrief, das Beste Babylons zu suchen, einer Stadt also, die ihnen alles andere als wohlgesonnen war.
Für mich gibt es keinen Zweifel: Die Weisung Jeremias richtet sich an uns alle, an jeden Bürger unserer Stadt und unseres Landes. Wir sind aber weit davon entfernt, sie für Allgemeingut halten zu dürfen. Es ist leider keineswegs so, daß die Aufforderung von allen, an die sie sich richtet, wirklich gehört oder befolgt würde.

[*] Vortrag auf einem Gemeindetag in Hamburg am 2. November 1964; der inzwischen verstorbene Altbischof Prof. D. theol. Karl Witte sprach unmittelbar vorher zum gleichen Thema (Jeremia 29, 7). Ursprünglicher Titel beider Vorträge: »Suchet der Stadt Bestes«.
Aus: »Beiträge« von Helmut Schmidt, Seewald Verlag, Stuttgart 1967.

Mangelnder Durchblick des Bürgers

Wir leben in einer Zeit, in der dem Spezialisten das Feld gehört. Diese Entwicklung hat sich nirgendwo aufhalten lassen. Der praktische Arzt kann nicht die Behandlungsmethoden eines Facharztes anwenden, der Rundfunkmechaniker hat nicht Wissen und Fähigkeiten des Starkstromfachmannes, der Buchhalter steht hilflos vor dem Computer, der die Buchungen eines Großunternehmens bewerkstelligt. Und der Bürger kann weder alle Probleme des Senats noch erst recht der Bundesregierung überschauen. Die Gründe für die Entwicklung liegen auf der Hand. Kenntnisse und Erkenntnisse haben sich in wenigen Jahrzehnten so weit ausgedehnt, alles ist so kompliziert geworden, daß der einzelne Mensch nur mehr auf einem begrenzten Gebiet nennenswerte Leistungen zu erbringen vermag. Nur Schwärmer können diese Entwicklung aufhalten wollen.

Es gibt allerdings nach wie vor Bereiche des menschlichen Lebens, die sich einer Spezialisierung entziehen. So wäre es uns theologisch unmöglich, das Christsein zu spezialisieren. Ebenso ist es für einen Demokraten staatsphilosophisch unmöglich, das Bürgersein zu spezialisieren. Trotzdem wird aber gerade dies vielfach praktiziert.

Staatsbürger ist nicht schon jeder, der in einem Staate lebt. Anspruch darauf, als Staatsbürger bezeichnet zu werden, haben erst diejenigen, die den Staat bewußt mittragen. Wie sieht es aber in Wirklichkeit mit dem »Mit-Tragen« aus? Die Masse der Wahlberechtigten sieht sich selbst als eine eigene Kategorie im Gegensatz zu den Gewählten und Regierenden. Im Ergebnis kommt es zur Gegenüberstellung zwischen dem »ich« und »denen da oben«. Die Konsequenz ist dann oft Resignation oder sogar bereitwillige Unterwerfung unter die »Obrigkeit« – auch dann, wenn sie falsch oder ungerecht handelt oder die Unwahrheit sagt.

Nachwirkungen des Obrigkeitsstaates

Diese häufig anzutreffende Resignation des Bürgers ist historisch wohl die Folge der allzu einseitigen Auslegung des Paulusbriefes an die Römer, wo es heißt: »Jedermann sei untertan der Obrigkeit, die Gewalt über ihn hat« und im selben Vers »Wo aber Obrigkeit ist, die ist von Gott verordnet«. Jede platte Verabsolutierung dieses letzten Satzes ist nicht nur geradezu gemeingefährlich, sondern ebenso auch unchristlich, denn schließlich sollen wir Christen Gott mehr gehorchen als den Menschen. Und immer hat die Christenheit zu unterscheiden gewußt zwischen dem Reich Gottes und den politischen Reichen der Kaiser und Könige auf dieser Erde. Ich will hier gewiß nicht den

Versuch machen, zu der durch Bischof Dibelius* vor
fünf Jahren neu ausgelösten Diskussion über Römer
13 eigenes beizutragen.

Es sei aber erlaubt, hier auf ein breites Geschichte ge-
wordenes Zeugnis der evangelisch-protestantischen
Christenheit hinzuweisen. Dabei schicke ich als persönliche Bemerkung voraus, daß die lutherische Kirche in Deutschland allzu lange und allzu einseitig
nicht nur die »Untertanen« zum Gehorsam gegen die
weltliche Obrigkeit schlechthin ermahnt, sondern sich
selbst darüber hinaus sogar ganz bewußt mit den
weltlichen Obrigkeiten liiert und verbunden hat. Erst
die Umwälzung von 1918/1919 hat wirksam zur Revision dieses Einbahndenkens gezwungen. Aber dann
hat endlich die gottlose, gesetzlose und menschen-
feindliche Despotie der Nazis die Bekennende Kirche
auf ihrer Barmer Synode 1934 zu jener fünften These
herausgefordert, in der nicht nur die Regierenden,
sondern ebenso die Regierten an ihre Verantwortung
gegen Gottes Gebot und Gerechtigkeit gemahnt werden. Damit wurde etwas unerhört Wichtiges klar ausgesprochen.

Traditionell hatte man bis dahin die Verantwortung
der Regierten kaum richtig erfaßt – sie waren ja eben
als Untertanen verstanden worden. Sie hatten auch
kaum ein staatlich gesetztes oder staatlich zugelasse-

---

* Gemeint ist die Schrift des seinerzeitigen Berliner Bischofs Otto Dibelius
  »Obrigkeit? – Eine Frage an den 60jährigen Bischof D. Dr. Lilje« aus dem
  Jahre 1959.

nes Recht, um als eigenverantwortliche Bürger handeln zu können.

Das Recht des Bürgers, sich ohne Rücksicht auf Abkunft, Stand, Einkommen und Vermögen im umfassenden Sinne staatsbürgerlich zu betätigen, gibt es in Deutschland erst seit kurzer Zeit, nämlich seit Demokratie und kommunale Selbstverwaltung sich ausbreiteten. Jahrhundertelang davor war der Einwohner einer Stadt und eines Landes einflußlos den Mächtigen, denen »da oben«, unterworfen. Die Resignation der Masse der Bürger war verständlich – mit dem Ergebnis, daß sie sich von Zeit zu Zeit in gewaltsamer Revolution gegen eine von ihnen nicht zu kontrollierende Obrigkeit auflehnten.

Demokratie geht jeden an

Heute leben wir glücklicherweise unter einer Verfassung, die jedem Bürger ein Höchstmaß freier bürgerlicher und politischer Betätigung eröffnet. Gewiß gibt das Grundgesetz der Bundesrepublik dem einzelnen ebenso auch die Möglichkeit, sich nur auf sich selbst und seine eigenen Bedürfnisse zu konzentrieren. Würden wir aber von dieser Möglichkeit schrankenlosen Gebrauch machen, so gefährdeten wir selbst unsere Freiheit. Wer sich bloß der Suche nach privatem Wohlstand und nach materiellen Genüssen hingibt, der vergißt, daß das Wohlergehen jedes einzelnen Bürgers mit dem Gedeihen aller Bürger untrennbar verbunden ist, ja – daß sein Wohlergehen das Wohlergehen aller Bürger in ihrer Gesamtheit zur Voraussetzung hat. Jeremia hat dies gemeint, als er dazu aufforderte: »Suchet der Stadt Bestes . . .; denn wenn's ihr wohlgeht, so geht's Euch auch wohl!«

Bürgern, die nur an sich selbst denken, braucht kein Machthaber ihre politischen Rechte vorzuenthalten oder zu schmälern. Denn sie geben sie freiwillig preis. Die Ausübung ihrer Rechte erschiene ihnen als Störung ihres egoistischen Strebens und ihrer Bequemlichkeit. Die im Grundgesetz der Bundesrepublik gewährleisteten Rechte und Freiheiten sollen aber ihrer Idee nach nicht die vernunftlose und schrankenlose Unabhängigkeit des einzelnen fördern. Sie sollen vielmehr dem Bürger die Möglichkeit geben, im Gefüge des Staates Herr seiner selbst zu sein.

Wie kann aber jemand Herr seiner selbst bleiben, der darauf verzichtet, den Staat mitzuformen, in dem er lebt, und Bedingungen zu schaffen oder zu erhalten, die sein eigenes Leben in Freiheit ermöglichen! Wer sich gedankenlos und eigensüchtig auf das Funktionieren einer freiheitlichen Verfassung, einer starken Regierung und einer reibungslos laufenden Verwaltungsmaschinerie verläßt, der ist selbst ein Keim für die Despotie.

Denken Sie an die Verhältnisse, die 1930 und vor allem 1933 einsetzten: »Die da oben« waren es, die gehandelt haben. Die Masse der Bürger aber stand abwartend

worden. Darf es unter diesen Umständen überhaupt ein Ausweichen vor der aktiven Mitgestaltung der Politik geben?

Immunität vor falschen Motiven

Jeremia richtete seine Aufforderung, das Beste der Stadt fortwährend zu suchen, zwar in erster Linie an die Juden in Babylon, indirekt aber auch an uns hier in Hamburg. Das Suchen soll zu Ergebnissen führen. Aber die Ergebnisse können für den, der sich um das Beste der Stadt bemüht, nur Zwischenstufe sein. Als 1919 in Hamburg das Dreiklassen-Wahlrecht zugunsten des allgemeinen gleichen Wahlrechts abgeschafft wurde, da war das ein gutes Ergebnis staatsbürgerlichen Handelns. Aber es war nichts Endgültiges. Ergebnisse sind nur Durchgangsstationen. Im günstigsten Falle sind sie Plattform, von der aus es dem Suchenden möglich ist, ein neues Ziel zum Besten der Stadt zu erkennen und anzuvisieren. Hamburg ist heute besser geordnet als in den Zwanziger Jahren; und die Zweite Demokratie der Deutschen ist besser als die von Weimar. Aber dazwischen lag ein schreckliches Tal.

Das Beste der Stadt besteht aus mindestens so vielen Komponenten wie die Stadt Bürger hat: Der Stadt Bestes wäre vielleicht erreicht, wenn das Beste für jeden einzelnen ihrer Bürger erreicht ist. Aber es ist utopisch anzunehmen, daß dies jemals möglich wäre.

Lösen wir uns deshalb von der Utopie. Auch wenn wir das maximal Erreichbare ins Auge fassen wollen, so bleibt das endgültige Ziel selbst unerreichbar. Es wandert vor uns her, einmal schneller, ein andermal langsamer. Trotzdem, oder gerade deshalb, dürfen wir des Suchens nicht müde werden, wenn wir vor schrecklichen Rückschlägen bewahrt werden wollen.

Wer aber der Stadt Bestes sucht, der muß Ziele vor Augen haben, auch wenn er weiß, daß die Lösung eines Problems ein anderes, vielleicht noch unbekanntes Problem im Gefolge haben wird. Wer das Problem löst, für jedermann ein eigenes Auto erschwinglich zu machen, wird vor das neue Problem gestellt, für jedermann Straßen bauen zu müssen.

Die Suche nach dem Ziel ist auch die Suche nach dem rechten Weg. Dabei gibt es absolute Grenzen, innerhalb derer der allein gangbare Weg liegen kann. Dazu gehören vornehmlich die Grenzen, die uns durch Gottes Gebote gesetzt sind. Innerhalb der Grenzen liegen jedoch die Wege zum Ziel vielfach im Dunkeln. Wer aber handeln und vorangehen will, der muß sich für einen bestimmten Weg entscheiden. Sollten wir deshalb nicht trotz der Pflicht zur gewissenhaften Prüfung von Weg und Ziel auch die Möglichkeit des Irrtums ins Auge fassen? Verstehen Sie mich bitte richtig: Es geht mir nicht darum, politische Fehlentscheidungen zu entschuldigen, und schon gar nicht darum, politische Vergehen und Verbrechen zu verharmlosen. Ich will nur deutlich machen, daß derjenige, der sich um das

Wohl des Gemeinwesens bemüht, auch bei sich selbst die Möglichkeit eines Irrtums nicht ausschließen darf. Selbstgerechtigkeit ist für ihn ein schlechter Weggefährte. Nicht nur die Regierenden müssen immer wieder prüfen, ob das, was sie für das Beste halten, tatsächlich auch das Beste ist. Auch die Regierten müssen das immer wieder prüfen. Deshalb gehört es zu den wesentlichen Spielregeln einer Demokratie, daß die Absichten der Regierenden der öffentlichen Kontrolle unterliegen. Öffentliche Kontrolle darf nicht nur vom Parlament oder der Presse ausgeübt werden. Sie ist allen Staatsbürgern aufgegeben.

Die Aufgabe der Christen

Dabei sollen wir Christen berücksichtigen, daß eine geschlossene Christlichkeit unseres Volkes, so wie sie zu Luthers Zeit vielleicht noch gegeben war, heute nicht mehr vorhanden ist. Von daher gilt es zu bedenken, erstens: Wir Deutsche sind Katholiken und Protestanten, sind Juden und Freidenker. Unter uns sind solche, die in der Kirche leben, und solche, die mit der Kirche leben. Und die, die in der Kirche leben, haben nicht das Recht, allein im Staat zu bestimmen. Und zweitens: Auch der Staat ist ein anderer als zu Luthers oder gar zu Jeremias Zeiten. Wir können ihm keinen absoluten Herrschaftsanspruch zugestehen. Und drittens: Vergeblich werden wir in der Bibel nach einem

Fingerzeig für die Rechtfertigung der Demokratie suchen. Gleichwohl aber sind wir heute ihre leidenschaftlichen Anwälte und Verteidiger, denn nur sie ermöglicht dem Bürger, in Übereinstimmung mit den Überzeugungen seines Gewissens zu leben.

Stadt und Staat sind keine in sich geschlossenen Gebilde. Sie bestehen und leben aus Einzelmenschen, die sich einer einheitlichen Kategorisierung entziehen. Auch mit Gegensatzpaaren wie Arbeitgeber und Arbeitnehmer, Hauseigentümer und Mieter, Autofahrer und Fußgänger läßt sich nicht für alle Fälle auskommen. Jeder Bürger eines Gemeinwesens hat seine eigenen Bedürfnisse und seine eigenen Wünsche. Es liegt auf der Hand, daß es der Gemeinschaft unmöglich ist, alle individuellen Bedürfnisse zu erfüllen. Diese Erkenntnis zwingt zu Kompromissen. Der Kompromiß im Leben der Stadt wie des Staates ist im Prinzip nicht etwas Faules, sondern etwas Vernünftiges und Notwendiges. Es ist auch gar nicht unvernünftig, daß dem Kompromiß die streitbare Diskussion vorausgeht. Man muß sowohl für den Fußgänger als auch für den Autofahrer sorgen; sowohl für das Unternehmen als auch für seine Arbeiter und Angestellten; sowohl für die Protestanten als auch für die Katholiken; sowohl für die kirchliche Gemeinde als auch für die Bürgergemeinde; sowohl für die Freiheit als auch für die Ordnung. Immer werden wir solche prinzipiellen Konflikte nicht lösen, aber wenigstens durch vernünftige Kompromisse erträglicher machen können und müssen.

Es gibt aber auch schlechte Kompromisse! Unsere gemeinsame Aufgabe als Christen wie auch als Staatsbürger ist, darauf zu achten, daß die Kompromisse gerecht sind. Die Pflicht jedes einzelnen von uns ist, laut zu rufen, wenn Ungerechtigkeit sich ausbreiten sollte, und spätestens jedenfalls dann handelnd einzugreifen, wenn die Regierenden Gebot und Gesetz verletzen sollten.

Lassen Sie mich zum Schluß dem Worte Jeremias ein Wort aus dem Römerbrief zur Seite stellen. »Seid nicht träge an dem, was ihr tun sollt.« Die Zahl der ernstlich das Beste der Stadt Suchenden kann nicht groß genug sein. Träge gibt es ohnehin genug.

Gott mehr gehorchen als den Menschen[*]

Christengemeinde und Bürgergemeinde. Hier sind, wie mir scheint, zwei Formen sozialen Zusammenlebens in einem Atemzug genannt, die ihre Wurzeln in sehr unterschiedlichen Bereichen menschlichen Daseins haben. Auf der einen Seite die Christengemeinde, in der der Glaube über die Fragen nach dem Gewissen und nach der Verantwortung den Blick in die letzten Tiefen menschlicher Existenz führt; der Glaube, der den Christenmenschen mit dem ihm in der Heiligen Schrift Alten und Neuen Testaments offenbarten lebendigen Gott verbindet.

Und demgegenüber die Bürgergemeinde, die im Bereich der Politik angesiedelt ist – Politik im weitesten Sinne dieses Wortes als der Bereich menschlichen Handelns, Mit- und Gegeneinanderwirkens, in dem sich der Mensch auf dieser Erde, hier und heute, als Gemeinschaftswesen verwirklicht. Die Gemeinschaft der hier mit- und gegeneinander Wirkenden ist – wie sich

[*] Der vorliegende überarbeitete Text geht auf einen am 29.11.1964 in der Martin-Luther-Kirche in Hamburg-Iserbrook gehaltenen Vortrag zurück; ursprünglicher Titel: Christengemeinde und Bürgergemeinde.
Aus: »Beiträge« von Helmut Schmidt, Seewald Verlag, Stuttgart 1967.

mehr und mehr herausstellt – etwas grundsätzlich anderes als die bloße Summe der einzelnen, die sie bilden. Politik ist aber auch – und notwendigerweise – jene hartvordergründige Weltlichkeit, in der im Zwielicht des Profanen unvermeidlicherweise gestritten, geirrt, angegriffen, verletzt, entschieden und geschlagen wird. Diese beiden Bereiche – derjenige des Glaubens und derjenige der Politik – sind auf den ersten Blick miteinander unvergleichbar.

Die Sinnfrage als politische Frage

Wenn es überhaupt eine Beziehung zwischen so verschiedenartigen Kräften und Anstößen gibt wie dem Glauben und der politischen Überzeugung, aus der heraus Politik in Gemeinde und Staat gestaltet wird, dann ist der Ort dieser Begegnung nur der konkrete, der einzelne Mensch. Er steht im Schnittpunkt von zwei ihrem Wesen nach grundverschiedenen Forderungen:

1. Forderungen, die ihm um seiner Seele willen die Kirche vorhält, wenn er sich um die Nachfolge Christi bemüht;
2. Forderungen, mit der die politische Gemeinschaft ihm staatsbürgerliche Entscheidungen abverlangt – die politische Gemeinde, der Staat, worin er als Bürger, als Anhänger, Wähler oder Mitglied einer politischen Partei mithilft, Gemeinschaft zu bilden.

Gleichwohl läßt sich die personale Einheit des Menschen nicht aufspalten. Der gläubige Christ, der um diese Einheit des Menschen in ihrer Unteilbarkeit weiß und in ihr einen Ausdruck der Herrschaft Gottes über die Geschichte erkennt, ist sich dessen bewußt, daß er vor die ewigen Fragen ebenso aus der Sicht einer Zeit gestellt ist, wie er die Fragen seiner Zeit aus dem Ewigen zu beantworten hat.

Mir will scheinen, daß die Menschen mit dem Wandel der Zeiten auch ihre Fragen im Blick auf das Ewige wandeln. Während Martin Luther gefragt hat »Ist Gott mir gnädig?«, so fragen heute viele Menschen »Gibt es Gott?«. Sicherlich wird mancher aus der Gewißheit seines Glaubens diese letztere Frage von sich weisen. Vielleicht wird er aber doch etwas nachdenklicher werden, wenn er an den Aufschrei denkt, der in den letzten Jahrzehnten nur allzuoft an der Wand vieler Kerker zu lesen war: »Gott, wo bist Du?« – Es wird gerufen und gefragt nach jenem Gott, der nach den Worten unseres Gebetes »wie im Himmel also auch auf Erden« das Regiment führen soll, der gesucht wird in der Ordnung oder Unordnung dieser Welt, ihren Kriegen, ihren Marterstätten, ihren Gefahren; der gesucht wird inmitten der unausdenkbaren Vernichtungsmaschinerien des Atomzeitalters, die es nicht mehr allein in einem ewigen, im religiösen Sinn, sondern auf sehr weltliche Weise, ja im Sinne bloßen Überlebens, fragwürdig erscheinen lassen, ob die Menschheit überhaupt noch eine Zukunft hat.

Der katholische Publizist Friedrich Heer hat in diesem Zusammenhang bemerkt, einst habe ein Papst 100 Kriege verantworten können, heute könnten 100 Päpste nicht eine einzige Atombombe verantworten. Dieser Satz Heers beleuchtet unsere geschichtliche Lage in der zweiten Hälfte des 20. Jahrhunderts: Die Verantwortung des Menschen für seine Seele muß von uns zugleich als Verantwortung für den politischen Zustand dieser Welt erlebt und begriffen werden.

Diese ineinander verwobene Doppelverantwortung erklärt nicht nur, warum politische Bewegungen zu Gegenkirchen ausarten können, sondern auch, warum die Politik zuweilen die Gestalt von Kreuzzügen und Glaubenskriegen annimmt. Einmal, weil man aus der Angst dieser Zeit Anstrengungen macht, sich gewaltsam Autorität zu verschaffen; sodann, weil man versucht, den eigenen Willen, den eigensüchtigen Plan der Selbstbehauptung, mit der letzten, der höchsten, der unüberbietbaren Autorität zu bekleiden; und schließlich, weil es in Panik und Vereinsamung immer schwieriger wird, durch Verzicht und Entsagung Glaubwürdigkeit zu verwirklichen.

Ungleich waghalsiger und verderblicher noch als das Wettrüsten mit Waffen ist das Gegeneinanderrüsten in der Todfeindschaft der Ideologien, die nicht mehr nach dem Bruder Abel fragen; hierbei handelt es sich um Ideologien, die nur noch das eigene Bessersein, den eigenen politischen Heilsplan, den größeren Wohlstand oder die noch größere Bombe im Auge haben.

Alle diese Erscheinungen entstehen aus falschen Antworten auf die Tatsache, daß – und darauf möchte ich noch einmal hinweisen – heutzutage die Verantwortung des Menschen für seine Seele – mag er nun um sie wissen oder nichts von ihr wissen wollen – am dringlichsten als Verantwortung für den politischen Zustand dieser Erde zu verstehen ist. Im grellen Schein dieser Lage sind viele so geblendet, daß sie sich auf die Flucht vor sich selbst begeben und sich einbilden, dieses ganze Unheil sei nur aus dem Übermut einer Handvoll einzelner erwachsen. Konnten aber die physikalischen Erkenntnisse von Einstein oder Oppenheimer und die Machtansprüche eines Stalin oder Hitler nicht deshalb so gefährlich werden, weil wir Menschen allesamt mit daran Schuld tragen, daß unsere Welt politisch und gesellschaftlich in solch ein Übermaß an Unordnung geraten ist?

Der einzelne Mensch also ist es, in dem sich die Strahlen des Glaubens und die Forderungen aus dem Bereich des Mitmenschlichen überschneiden. Der einzelne und jeder für sich allein – denn nur ein einzelner Mensch hat ein Gewissen, es gibt kein kollektives Gewissen – ist vor die Frage gestellt, ob er eine politische Meinung oder Zielsetzung in einer Gemeinde, in einer Stadt, im Staat mit seinem Glauben vereinbaren kann oder sogar aus dem christlichen Glauben heraus sich zu solch einer Parteinahme in der Politik verpflichtet fühlt.

Der Faktor Weltanschauung

So ist es jedem einzelnen Menschen für sich allein aufgegeben, sich seine politische Meinung zu bilden und sie selber zu verantworten. Wenn es richtig wäre, wie manche uns glauben machen wollen, daß der Zielsetzung des Christentums nur eine einzige politische Meinung entspräche, dann hinge die Möglichkeit, Christ zu sein, davon ab, sich in der Politik nicht zu irren. Andererseits aber nähme man dann durch eine politische Meinung notwendig und unvermeidlich zugleich auch für oder gegen Christus Partei und schlösse zugleich die Zusammenarbeit mit Nichtchristen in der Bürgergemeinde aus. Dies würde letztlich zur Verneinung der Möglichkeit führen, mit Nichtchristen in echter Mitmenschlichkeit einen Staat als Rechts- und Lebensgemeinschaft zu bilden. So weit aber darf es nicht kommen. Wir Deutsche sind Christen und Juden und Freidenker, Protestanten und Katholiken, Lutheraner und Reformierte.

So wenig sich der Glaube und jede religiöse oder weltanschauliche Überzeugung in der unteilbaren Person, im Gewissen eines jeden einzelnen konkreten Menschen von seiner politischen Überzeugung trennen lassen, so sehr ist diese Trennung lebensnotwendig für jedes freiheitliche und auf der Würde des Menschen aufbauende Zusammenleben vieler Menschen in jedweder Art politischer Organisation – von der politischen Partei über die Bürgergemeinde bis zum

Staat selbst. Wir können unsere Aufgaben nur leisten, wenn wir von der geschichtlichen Tatsache ausgehen, daß wir gemeinsam hier in diesem Lande leben, obschon wir durchaus unterschiedliche Überzeugungen hinsichtlich der letzten Begründungen, Wahrheiten und Werte haben.

Daß wir hinsichtlich der letzten Wahrheiten nicht einheitlich argumentieren, ist eine Frucht der geschichtlichen Katastrophe, der Reformation, der Gegenreformation und des Dreißigjährigen Krieges und später der Aufklärung. Das christlich-katholisch definierte Seelenheil hatte aufgehört, die gemeinsame Staatsgrundlage zu sein. Es mußte eine neue Antwort auf die Frage gefunden werden, wie man trotz der Uneinigkeit im Glauben – auch im Unglauben – doch eine Gemeinschaft als Bürger bilden könne. Der kulturelle und sittliche Wert der Bürgergemeinde und des Staates besteht geradezu darin, daß sie allen Bürgern die Freiheit und das Recht sichern, in Achtung und Toleranz vor unseren unterschiedlichen Grund- und Glaubensüberzeugungen dennoch gemeinsam leben zu können – und das heißt nicht, nebeneinander, sondern miteinander leben, ein jeder in Achtung vor der Würde seines Nächsten. Daß dies auch keineswegs un- oder gar widerchristliche Gedanken sind, zeigt uns das biblische Gleichnis vom barmherzigen Samariter, der eben ein Samariter war und kein Jude.

Und noch etwas kommt hinzu. Die freiheitliche Bürgergemeinde, der demokratische, gegenüber seinen

Bürgern Toleranz übende Staat sind nur lebensfähig,
wenn sie Gemeinwesen mit Opposition sind; also ein
Staat, der vorsieht, daß die reale Chance für den Wech-
sel der führenden politischen Gruppe und der von ihr
vertretenen Politik es ist, die das innere Gleichgewicht,
die Kontrolle der Macht und damit die Garantie der
Toleranz gewährleistet. Eine solche Gemeinde, ein solcher Staat, sie können einerseits nicht auskommen
ohne den Zusammenschluß von Menschen gleicher
politischer Überzeugung in politischen Parteien; andererseits könnten sie jedoch weltanschaulich oder religiös gebundene Parteien nur um den Preis der Gefähr-
dung ihrer Existenz verkraften. Denn mit der Weltanschauungspartei entfällt die Möglichkeit des Auswech-
selns der Regierung, weil die Weltanschauungspartei
nicht mehr wegen der größeren Überzeugungskraft
ihrer Ideen und Zielsetzungen regieren will, sondern
sich aus Gründen ihrer vermeintlich alleinigen Ver-
bundenheit mit einer Glaubensmacht einbildet, allein
zur Machtausübung berufen zu sein. Die Folge wäre
eine Unterscheidung der Staatsbürger in die beiden
Gruppen der um ihres Glaubens willen als allein regie-
rungsfähig Legitimierten und der um der Fragwürdig-
keit ihres Glaubens oder Denkens willen als regie-
rungsunfähig Diskriminierten. Und Wahlen würden –
wie Thomas Dehler einmal gesagt hat – zu »konfessio-
nellen Volkszählungen«.
Die Freiheit, ohne die wir nicht überleben können und
ohne die unsere Welt nicht friedlich zu ordnen ist,

diese Freiheit ist nicht möglich ohne das universale Prinzip der Partnerschaft, das erst dort seine Grenze findet, wo – wie bei den totalitären Parteien – ihm die Gegenseitigkeit verweigert wird.

So sehr sich einerseits im einzelnen Menschen als unteilbarer Person die Forderungen des Glaubens und der Politik überschneiden (weil der Glaube als etwas Totales den Menschen ganz ergreifen kann und seine politische Überzeugung beeinflußt, die er vor seinem Gewissen und vor Gott verantworten muß), so sehr muß andererseits die Trennung der Bereiche des Glaubens und der politischen Überzeugung in den Parteien, in der Bürgergemeinde, im Staate garantiert werden.

Das sogenannte Nichtabstimmbare

Das bedeutet, daß die Bürgergemeinde im demokratischen Staat zwei Ebenen respektieren muß: die Ebene derjenigen Dinge, über die man auf demokratische Weise abstimmen kann und muß, um zur Entscheidung zu gelangen, und die Ebene derjenigen Dinge, über die man nicht abstimmen kann. Man kann nicht darüber abstimmen, ob wir alle Katholiken oder Protestanten oder Freidenker sein sollen. Die Dinge des Glaubens, der religiösen oder weltanschaulichen Überzeugung sind der Abstimmbarkeit entzogen. Über sie kann keine wie immer auch geartete Mehrheit befinden. Hier steht der einzelne Mensch, lediglich auf sein

Gewissen gestellt, allein vor Gott. Und dieses Gewissen entzieht sich jeder Fremdbestimmung. Auch 99 Prozent Katholiken können von 1 Prozent Protestanten legitimerweise nicht verlangen, daß ihre religiöse Überzeugung als für alle verbindlich anzuerkennen sei. Und ebensowenig darf sich ein Staat anmaßen, eine bestimmte Gewissensentscheidung notfalls sogar mit der Gewalt seiner Gesetze, mit Polizei und Gefängnis zu erzwingen.

Zum »Nichtabstimmbaren«, zu dem also, was der demokratischen Bürgergemeinde und dem Staat entzogen bleiben muß, gehören jedoch auch jene Werte, von denen die gemeinsame Basis unseres menschlichen Zusammenlebens abhängt, deren Vorhandensein es überhaupt religiös und weltanschaulich verschiedenen Gruppen möglich macht, einen gemeinsamen Staat, eine Bürgergemeinde zu bilden: nämlich vor allem diejenigen Folgerungen aus der Würde eines jeden Menschen, die wir als die Grund- und Menschenrechte bezeichnen. Damit meine ich die Bereitschaft, unter bewußter Anerkennung des Andersseins des Nachbarn und Mitbürgers – nicht bloß seiner gleichgültigen Tolerierung – mit ihm zusammen eine Partei, eine Gemeinde, einen Staat zu bilden.

Das »Nichtabstimmbare« haben die weltliche Gemeinde und der weltliche Staat als gegeben hinzunehmen; es ist ihrer Verfügungsgewalt entzogen – sie haben es auch nicht zu beurteilen. Nicht, weil sie gleichgültig zu sein hätten gegenüber den Werten und

Überzeugungen, die ihrem Zugriff nicht unterliegen, sondern weil die sittliche Grundlage des Gemeinwesens gerade darin besteht, in Respekt vor der menschlichen Persönlichkeit und ihrem Gewissen jeden Eingriff in die Sphäre des Nichtabstimmbaren zu verhindern; mehr noch: Bürgergemeinde und demokratischer Staat haben die Unantastbarkeit dieses Bereiches zu garantieren, wenn sie die Menschenwürde achten wollen.

Das Wesen der freiheitlichen Demokratie zeichnet sich nämlich nicht einfach dadurch aus, daß die Mehrheit herrscht, sondern vor allem dadurch, daß sie weiß, über welche Dinge man legitimerweise Mehrheitsentscheidungen fällen darf und worüber nicht. Von dem vermeintlichen Recht der Mehrheit, über alles zu bestimmen, ohne dabei an die Schranken des Nichtabstimmbaren gebunden zu sein, führt ein gerader Weg zum Totalitarismus, zu jenem Naziwort etwa, daß das Volk alles sei, der einzelne aber nichts; oder jenen Prinzipien des Kommunismus, nach denen es um des vermeintlichen Glücks einer Klasse oder auch des »Volkes« willen erlaubt sein soll, Millionen von Menschen elend umkommen zu lassen oder gar viele von ihnen planmäßig umzubringen.

In dem anderen Bereich hingegen, wo es um das »Abstimmbare« geht, kann legitimerweise die Mehrheit von der Minderheit die Unterordnung unter ihren Willen verlangen. Über Straßenbahntarife und U-Bahn-Bau, über Steuerpolitik und Wirtschaftspolitik darf man und muß man mit Mehrheit entscheiden.

Aber ein Kriegsdienstverweigerer aus Gewissensgründen, der fällt mit seinen Überzeugungen in den Bereich des »Nichtabstimmbaren« – er darf von der Mehrheit nicht vergewaltigt werden.

»Christliche Politik« als die Politik von Parteien, Regierungen oder eines freiheitlich-demokratischen Staates oder der Bürgergemeinde kann es nicht geben, wohl aber eine politische Entscheidung, die der einzelne aus einem christlichen Gewissen heraus fällt. Da dieses Gewissen aber nicht organisierbar ist, kann es auch weder eine christliche Bürgergemeinde noch einen christlichen Staat, noch christliche Parteien geben, sondern nur Christen in ihnen, konservativ, liberal oder sozialdemokratisch denkende Christen. Christen, die für Planwirtschaft oder Marktwirtschaft, solche, die für West-, und solche, die für Ostorientierung der Außenpolitik sind, und solche, die für die NATO, und solche, die gegen die NATO sind. Weder die eine noch die andere Konzeption ist an sich christlich.

Gott mehr gehorchen als den Menschen

Das Verhältnis von Christengemeinde und Bürgergemeinde, von Kirche und Staat ist darum das der Partnerschaft. Sie stehen auf verschiedenen Ebenen menschlichen Lebens, aber sie müssen miteinander auskommen. Es gehört zum Wesen der Christengemeinde, daß sie zwar in ihrem Selbstverständnis über

diese Welt hinausgreift, zugleich aber auch eine gesellschaftlich und geschichtsgestaltende Kraft in dieser
Welt ist. Hier aber begegnen sich dann Christen- und
Bürgergemeinde, hier überschneiden sie sich, ohne
sich zu decken. Zur Bürgergemeinde gehören mehr
Menschen als zur Christengemeinde. Die Christengemeinde hingegen kann den einzelnen Menschen tiefer
umfassen, bis in seinen persönlichen Glauben. Von
daher, meine ich, kann für einen Christen die Mitglied-
schaft in einer Partei immer nur Vorletztes abdecken.
So bewahren sich beispielsweise Christentum und So-
zialismus, bei aller Anerkennung ihrer Berührungs-
punkte, im letzten eine Distanz zueinander.

Darüber hinaus noch etwas zum Engagement des Christen in seiner Kirche und Gemeinde hier anzumerken
ist nicht meines Amtes. Dem Bürger aber sollte ich
sagen, daß es ihm aufgegeben ist, seine politische
Gemeinde, seinen Staat mitzutragen und mitzugestal-
ten. Nur wenn er das tut, können Staat und Gemeinde
die Aufgabe leisten, zu der sie bestellt sind: die Freiheit
aller und ein menschenwürdiges Leben zu garantieren. Wenn es ihm aber sein Gewissen vorschreibt, so
muß der Bürger als Christ sagen: Man muß Gott mehr
gehorchen als den Menschen! Christengemeinde und
Bürgergemeinde haben letztlich gemeinsam und in
freier Partnerschaft, jede auf ihre eigene Art, jede in
gegenseitiger Unabhängigkeit, für jeden der in ihnen
lebenden unteilbaren Menschen Verantwortung zu
tragen.

Politik und Ethik[*]

Fleiß, Urteilskraft, Entschlußkraft und intellektuelle Redlichkeit gehören zu den Vorbedingungen, die einer erfüllen muß, der in der Politik Verantwortung trägt. Ich erinnere an Max Webers berühmte drei Qualitäten, die »vornehmlich entscheidend« sein sollen, wenn »Politik als Beruf« ausgeübt wird: Leidenschaft, Verantwortungsgefühl, Augenmaß. Max Weber hat das vor einem halben Jahrhundert geschrieben; es sind heute wohl noch andere Eigenschaften hinzuzuwünschen: Einfühlungsvermögen beispielsweise, die Fähigkeit zur Formulierung, auf jeden Fall Zivilcourage.

Max Weber hat auch geschrieben, daß der Politiker täglich und stündlich einen allzu menschlichen Feind in sich zu überwinden habe, nämlich »die ganz gemeine Eitelkeit, die Todfeindin aller sachlichen Hingabe und aller Distanz, in diesem Fall: der Distanz sich selbst gegenüber«. Distanz sich selbst gegenüber ist sicher eine der schwierigsten Maximen, nicht nur für Politiker. Selbstdistanz eignet eher einer kühlen als einer temperamentvollen Natur. Aber: die Tempera-

[*] Der vorliegende Aufsatz erschien in geringfügig abweichender Fassung in den »Lutherischen Monatsheften« vom November 1972 unter dem Titel »Zwischen Freiheit und Ordnung«.

mentvollen gelangen eher in die politischen Führungs-
spitzen, und deshalb stehen sie um so stärker unter
dem Gebot der Selbstdistanz und der Selbstkritik. Zu
verlangen, daß die Fähigkeiten der Selbstkritik und
der Selbstdistanz ständig öffentlich erkennbar werden,
wäre eine schädliche Übertreibung. Gleichwohl ist
Vorsicht gegenüber einem Politiker geboten, bei dem
diese Fähigkeiten erkennbar fehlen sollten.

Ansätze einer politischen Ethik

Leidenschaft – im Sinne von Max Weber – ist die
Leidenschaft des Dienstes an der res publica. In einer
Demokratie muß diese Leidenschaft bei den verschiedenartigen demokratischen Führern von sehr verschiedenen Zielvorstellungen geleitet sein. Wenn etwas daran richtig ist, daß Demokratie »government by discus-
sion« ist, dann ist es zwangsläufig, daß der Streit um
das richtige Ziel und der Streit um den besten Weg
dorthin dem Dienste an der res publica immanent sind.
Nur darf, bei allem taktischen Getümmel, der Streit
nicht dazu führen, daß die Beteiligten den Boden der
eigenen politischen Ethik verlassen.
Politische Ethik – was verlangt sie von dem Handelnden? Sicherlich nicht, daß er berufen sein oder ausgebildet sein sollte, öffentlich zu philosophieren, genauso wie Philosophen nur selten zur Politik berufen sind.
Niemand sollte also vom Politiker verlangen, daß er die

moralischen und philosophischen Grundlagen seines eigenen Handelns wissenschaftlich, abstrakt oder religiös darstellt. Aber von einem Politiker sollte verlangt werden, und er sollte es auch von sich selbst verlangen, daß er in einer für das Verständnis seiner Zuhörer oder Leser notwendig einfachen Weise klarmacht, wie er Wahrheit und Unwahrheit, Gerechtigkeit und Ungerechtigkeit, Gemeinnutz und Eigennutz empfindet. Wohl ist jede politische Entscheidung eine »Gewissensentscheidung«. So gesehen, heißt Politik betreiben: feste politisch-sittlich begründete Ziele verfolgen und in den wandelnden Situationen des Staates und der Gesellschaft feststehende politisch-sittliche Grundsätze anwenden.

Aber niemand möge sich täuschen. Da gibt es auch den politischen Alltag, den parlamentarischen Alltag und auch den Alltag jedweder Regierung oder Verwaltung. Häufig ist jeder Politiker, wie doch auch alle Menschen in anderen Berufen, gezwungen, bloß Zweckmäßigkeitsentscheidungen zu treffen, bei denen er gar nicht dazu kommt, hintergründig zu prüfen. Und bei vielen Entscheidungen ist er als Parlamentarier gezwungen, sich nicht auf eigene Erfahrung und Routine stützen zu können, sondern sich auf das Urteil seiner Kollegen verlassen zu müssen, die eine spezielle Fachverantwortung haben und deren Entscheidungen zu befolgen und gutzuheißen ihm nach bisheriger Erfahrung vernünftig erscheint. Viele Menschen verfallen dem Irrtum zu glauben, jeder Politiker, der sich einer Mehrheitsentscheidung seiner Partei, seiner Fraktion, seiner Regierung diszipliniert untergeordnet habe, handle gegen sein Gewissen. Dabei gehen solchen Entschlüssen des einzelnen sehr sorgfältige Gewissenserforschungen voraus. Die normale Methode, dahin zu gelangen, ist Diskussion unter politischen Freunden.

Für ein realistisches Staatsverständnis

Demokratie, Regierung, Parlament, der Beruf des Politikers überhaupt – das alles darf nicht idealisiert werden. Ideales mag im Himmel geschehen, aber es geschieht selten in irdischen Parlamenten. Winston Churchill hat dies 1946 für sich und für seine Parlamentskollegen offen zugegeben, daß nämlich die Parlamentarier Interessen vertreten und bestimmte Bindungen zu Gruppen des Volkes besitzen: »We are not supposed to be an assembly of gentlemen who have no interest of any kind and no associations of any kind – that is ridiculous – that might happen in heaven but not happens here.« Wer nämlich idealisiert, riskiert auch, daß Illusionen zusammenbrechen und daß es dann zu gefährlichen Enttäuschungs- und Kurzschlußreaktionen der Bürger kommt, die deren Vertrauen in den demokratischen Prozeß zerstören können. Demokratie ist eben eine sehr menschliche Form des Miteinanderlebens und des Miteinanderauskommens – und nicht immer ist, wie auf dem Fußballplatz, ein Schiedsrichter zugegen, der abpfeift, wenn es unfair wird oder wenn der Ball im Aus landet.

Die Schiedsrichter-Funktionen in der Demokratie sind vielfältig, und sie wechseln auch. Die Regierenden müssen immer wieder prüfen, ob das, was sie für das Beste halten, auch tatsächlich das Beste ist. Die Regierten müssen immer wieder diese Angebote prüfen. Eine zentrale Spielregel der Demokratie, sozusagen deren Paragraph eins, ist daher, daß Ziele und Wege der Handelnden – ob in Regierung oder in Opposition – stets der öffentlichen Kontrolle ausgesetzt sind. Diese Kontrolle ist aber allen Staatsbürgern aufgegeben, nicht nur dem Parlament oder der Presse.

Wir leben nicht in einer geschlossenen, sondern in einer offenen Gesellschaft. Auch das ist ein Maßstab unseres Zusammenlebens. Staat, Bundesland und Gemeinde bestehen aus einzelnen Menschen, und jeder einzelne Mensch entzieht sich einer abschließenden Kategorisierung. Jeder Bürger hat seine eigenen Bedürfnisse und seine eigenen Wünsche; er gehört außerdem aber Interessengruppen an – und bisweilen mehreren zugleich und verschiedenen nacheinander. Der Staat, die Regierenden – sie können niemals diese Vielzahl der Einzel- und der Gruppenbedürfnisse befriedigen. Der Staat würde sonst zu einem Supermarkt mit Schleuderpreisen – er müßte schnell zugrundegehen.

Die Regierenden dürfen den Staat nicht zum Selbstbedienungsladen degenerieren lassen. Und der Pluralismus einer demokratischen Gesellschaft darf nicht in einen Pluralismus der Interessenhaufen umschlagen. Verantwortung der Regierenden heißt also, daß sie zugleich für den Fußgänger und für den Autofahrer, zugleich für die Unternehmer und für die Arbeitnehmer, zugleich für die Protestanten und die Katholiken und die Freidenker, zugleich für die kirchliche Gemeinde und die Bürgergemeinde zu sorgen haben. Die Regierenden können Konflikten nicht entgehen, aber sie können sie durch vernünftige Kompromisse erleichtern, vielleicht sogar lösen. Dabei stehen sie immer in den Dilemmata zwischen Freiheit und Ordnung – aber ebenso müssen sie immer auf der Seite der Schwächeren stehen.

Die Freiheit, ohne die wir nicht überleben können und ohne die unsere Welt nicht friedlich zu ordnen ist, diese Freiheit ist nicht möglich ohne das universale Prinzip der Partnerschaft, das erst dort seine Grenze findet, wo – wie bei totalitären Parteien – ihm die Gegenseitigkeit verweigert wird.

Kein imperatives Mandat in Ermessensfragen

Ein Politiker in einem demokratischen Staat muß stets zwei Ebenen erkennen: die Ebene derjenigen Dinge, über die man auf demokratische Weise abstimmen kann und muß, um zur Entscheidung zu gelangen, und die höhere Ebene derjenigen Sachen, über die man nicht abstimmen darf. Die Dinge des Glaubens, der religiösen oder ethischen Überzeugung sind der Abstimmbarkeit entzogen. Über sie kann keine wie auch immer geartete Mehrheit befinden. Hier steht der einzelne Mensch allein mit seinem Gewissen, allein vor Gott. Das Gewissen entzieht sich jeder Fremdbestimmung. Und ebensowenig darf sich ein Rechtsstaat anmaßen, eine bestimmte Gewissensentscheidung notfalls mit der Gewalt seiner Gesetze, mit Polizei und Gefängnis zu erzwingen – auch wenn er das legale Monopol physischer Gewaltanwendung besitzt.

Das Wesen der freiheitlichen Demokratie ist nicht einfach, daß die Mehrheit herrscht, sondern daß diese Mehrheit weiß, über welche Dinge man legitimerweise Mehrheitsentscheidungen fällen darf und worüber man dies nicht darf; denn die Praktizierung des Rechtes der Mehrheit, über alles zu bestimmen, ohne dabei an die Schranken des Nichtabstimmbaren gebunden zu sein, würde geradewegs in den totalitären Staat führen.

Die zuvor genannten Maßstäbe müssen gelten, wenn der politisch-moralische Stand der Nation in Ordnung sein, wenn eine freiheitliche Ordnung im Innern unseres Staates herrschen soll. Sie müssen auch für die Art und Weise gelten, mit der sich ein Staat in die internationalen Beziehungen einfügt und in ihnen zu seinem Vorteil wirkt.

Unsere Nation ist in einer einzigartigen Lage: es gibt

keine andere Nation in Europa, die mit so vielen Anrainern und Nachbarn zusammenleben muß. Das ist eine Folge unserer geographischen Situation, es ist eine besondere Belastung unserer nationalen Geschichte, für die wir ohne Schuld sind. Dagegen haben wir Deutsche die besondere Belastung unserer nationalen Gegenwart durch die Folgen des vom Deutschen Reich begonnenen, total geführten und total verlorenen Krieges gemeinsam zu verantworten.

Den eigenen Interessen und ebenso und gleichzeitig dem Frieden zu dienen, diese Aufgabe ist für kein anderes Land Europas schwieriger als für uns; um so mehr kommt es für uns darauf an, die sittlichen Maßstäbe der Politik zu kennen und ihnen zu gehorchen. Solcher Gehorsam ist dann zugleich gewiß auch christlich – auch und gerade dann, wenn der Politiker es als unwürdig oder als scheinheilig empfindet, den Namen Christi im Munde zu führen.

ROLLE UND PROBLEME EUROPAS[*]

---

[*] Erweiterte und durchgearbeitete Vorlesung, die Helmut Schmidt im Frühjahr 1985 als Stimson-Dozent für das Yale Center for International and Area Studies an der Yale University hielt.

Europa hat also in den letzten Jahren offenkundig darauf verzichtet, an der Formulierung einer Gesamtstrategie des Westens mitzuwirken. Dieser Verzicht fällt in eine Zeit vermehrter Spannungen, in der ein zweiter Kalter Krieg die Beziehungen zwischen Moskau und Washington kennzeichnet; er macht die gegenwärtige Schwäche Europas überdeutlich. Europa verfügt noch immer über ein enormes wirtschaftliches, finanzielles, währungspolitisches, industrielles und militärisches Potential. Aber dieses Potential liegt brach, weil es an Führung fehlt – ob damit gemeinsame Führung nach außen gemeint ist oder Führung in der Zusammenarbeit zwischen den westeuropäischen Staaten, ob Führung durch einen einzelnen Staat oder durch eine einzelne Führungspersönlichkeit. Führung all dieser Art wäre in Europa möglich, doch augenblicklich gibt es sie nicht.

Diejenigen, die ungeduldig auf eine wirkliche europäische Zusammenarbeit warten, möchte ich daran erinnern, daß die Vereinigten Staaten nur wenig älter als zweihundert Jahre sind und seit über zweihundert Jahren die gleiche Sprache gesprochen haben, während die meisten europäischen Staaten sehr viel älter sind. Italien ist über zweitausend Jahre alt, Frankreich über tausend, Polen genau tausend Jahre, Deutschland etwas über tausend Jahre und England tausend Jahre. Und in all diesen Ländern gibt es seit mehr als einem Jahrtausend unterschiedliche Sprachen. Der Differenzierungsprozeß der Kulturen währt seit unvorstellbar langen Zeiten. Es ist ausgeschlossen, das Erbe von Jahrhunderten im Handumdrehen oder gar nur durch die mitreißende Rede eines einzelnen Staatsmannes zu überwinden.

Es dauert wahrscheinlich viele Jahre, bis die Europäer eine Europäische Union zustande bringen. Ich bin Pragmatiker, ich habe nie viel von Sonntagsreden über Europa gehalten. Ich bezweifle, daß ich zu meinen Lebzeiten die Europäische Union sehen werde. Eine enge Zusammenarbeit der Europäer könnte dagegen durchaus erreicht werden. Sie würde Europa befähigen, solche amerikanischen Vorstellungen zurückzuweisen, die für Europa schädlich sind.

Wenn die Amerikaner glauben, was gut ist für Amerika, sei auch immer gut für Europa, so sind sie im Unrecht. Was gut ist für Europa, ist auch nicht notwendigerweise gut für Amerika. Und was gut ist für Japan, ist nicht unbedingt gut für Amerika. Und was gut für Amerika ist, ist nicht unbedingt gut für Japan. Zunächst braucht man ein klares Bild von den eigenen nationalen Interessen. Darüber hinaus muß man aber bereit sein, einen Kompromiß mit den nationalen Interessen der Partner, Verbündeten oder Freunde einzugehen. Dies setzt voraus, daß alle Beteiligten offen ihre Meinung äußern – was heute nicht der Fall ist.

In meinen Augen ist Westeuropa keineswegs dem endgültigen Verfall preisgegeben. Ich muß jedoch zugeben, daß Europa infolge seines Mangels an Zusammenarbeit und Führung gegenwärtig immer mehr an wirtschaftlichem und politischem sowie militärischem Gewicht in der Welt verliert. Jemand sagte einmal: »Es bedeutet einen ungeheuren Vorteil, nichts getan zu haben, aber man sollte ihn nicht mißbrauchen.« Die Europäer haben in den letzten paar Jahren nicht viel getan, aber sie sollten das nicht übertreiben.

Welche Ursachen hat der Verlust an politischem Einfluß, den Europa in den letzten zehn Jahren, insbesondere aber in den allerletzten Jahren hinnehmen mußte? Können diese Ursachen überwunden werden, angesichts nicht nur beharrender alter, sondern auch neuer und zukünftiger Probleme? Wie stehen die Aussichten für Europa und seine weltpolitische Rolle, während wir uns dem Ende des 20. Jahrhunderts nähern und in die fernere Zukunft blicken?

Ich werde diese Fragen in drei Schritten beantworten: erstens den militärischen und Rüstungskontrollbereich; zweitens die wirtschaftlichen und finanzpolitischen Fragen; und drittens den historischen und politischen Rahmen.

Sicherheitsprobleme

Nachdem ich die aus der Geschichte ablesbare expansionistische Stoßrichtung der sowjetischen Politik skizziert habe, will ich nicht ein detailliertes Bild von der konkreten sowjetischen militärischen Bedrohung und ihrem Potential zu geben versuchen; ich rufe lediglich ein paar zentrale Tatsachen über die militärische Bedrohung Westeuropas in Erinnerung.

Zum ersten ist die Sowjetunion im Hinblick auf Truppenstärke, Panzer, Artilleriegeschütze, Kampfflugzeuge, Raketen, Abfangjäger und so weiter dem Westen überlegen. Dem steht in dem Gebiet zwischen der Sowjetunion und der Atlantikküste Europas, was die Zahl von Mannschaften und Waffen anlangt, kein gleichgewichtiges militärisches Arsenal gegenüber.

Zum zweiten besteht ein noch größeres Ungleichgewicht, wenn man nicht nur die auf dem mitteleuropäischen Kriegsschauplatz vorhandenen Truppen, sondern auch die großen mobilisierbaren Mannschaftsreserven im sowjetischen Hinterland berücksichtigt, die innerhalb von vierzehn Tagen ins Feld gebracht werden können. Der Westen besitzt zweifelsohne viel geringere Truppenreserven. Es gibt in den Vereinigten Staaten oder in Großbritannien keine Wehrpflicht, so daß diese beiden Staaten überhaupt keine nennenswerten Reserven mobilisieren können. Sie würden zwei Jahre brauchen, um Reserven aufzunehmen, wie es schon einmal in den beiden Weltkriegen der Fall war. Frankreich und die Bundesrepublik haben zwar eine große Zahl von Reservisten, doch hat Frankreich seine gesamten Truppen, einschließlich der Reserven, aus dem militärischen Verband der NATO herausgenommen. Deshalb besteht in Europa bezüglich der Reserven zwischen sowjetischer und westlicher Seite ein beträchtliches Ungleichgewicht bei den konventionellen Streitkräften.

Zum dritten sind seit den siebziger Jahren neue Bedrohungen entstanden, nämlich die SS-20- und die SS-22-Raketen. Im besonderen verfügen die SS-20-Mittelstreckenraketen gegenwärtig über ungefähr eintausend getrennt steuerbare atomare Gefechtsköpfe; daneben stehen noch mehrere tausend Nuklearwaffen kürzerer Reichweite, die allesamt auf westeuropäische Ziele gerichtet sind. Westeuropa verfügt lediglich über eine begrenzte Zahl französischer und britischer Nuklearwaffen, die gegenüber der unermeßlichen sowjetischen Anzahl ohne große Bedeutung sind. Dazu kommen ein paar hundert amerikanische atomare Gefechtsköpfe auf Mittelstreckenraketen und Marschflugkörpern, außerdem etwa fünftausend Atomwaffen sehr viel kürzerer Reichweite, die übrigens nahezu ausschließlich auf deutschem Boden stationiert sind.

Mit anderen Worten: auf dem Felde der Nuklearwaffen ist auf dem potentiellen europäischen Kriegsschauplatz ohne die Präsenz der amerikanischen Komponente kein Gleichgewicht möglich. Dies wird sich auch in Zukunft nicht ändern, da die europäischen Nationen, außer Frankreich und England, aber einschließlich der Bundesrepublik Deutschland, sich durch die Unterzeichnung und Ratifizierung des Vertrags über die Nichtverbreitung von Atomwaffen verpflichtet haben, keine Atomwaffen zu kaufen, zu produzieren oder zu besitzen.

In dieser Situation lautet die erste Frage: Wie soll Westeuropa im Falle eines verlängerten konventionellen Angriffs, bei dem alle mobilisierbaren sowjetischen Reserven eingesetzt sind, verteidigt werden? Bis zu Robert McNamaras Athener Richtlinien von 1962, oder richtiger: bis zur formalen Revision der NATO-Doktrin im Jahre 1967, bestand die strategische Antwort darin, im Falle eines solchen sowjetischen Angriffs »massive atomare Vergeltung« zu üben. 1962 wurde McNamara klar, daß diese Strategie nicht länger praktikabel war, und spätestens seit 1967 teilte der Rest des Bündnisses diese Ansicht. Und da das westliche Bündnis selber diese Strategie nicht für geeignet hielt, erschien sie auch den Russen nicht glaubwürdig. Seit 1967 hieß die offizielle Strategie des Bündnisses: »flexible Erwiderung«. Gemeint ist der Versuch, die Russen wenigstens ein paar Tage lang – ich hoffe, eher ein paar Wochen lang – durch konventionelle Verteidigung auf-

zuhalten und dann aber doch ziemlich früh zum westlichen Ersteinsatz sogenannter taktischer Atomwaffen überzugehen. (Ich sage ausdrücklich »sogenannt«, weil es sich für die deutsche und polnische Bevölkerung, die auf diesem Kriegsschauplatz lebt, tatsächlich um todbringende Waffen handeln würde. Persönlich widerstrebt mir eine Terminologie, die nur solche Waffen, welche Amerikaner und Russen töten, als »strategisch« und Waffen, die »nur« Polen oder Deutsche töten, als »taktisch« bezeichnet. Das sind verharmlosende Begriffe für eine Waffenkategorie, die, in großer Zahl eingesetzt, den größeren Teil der mitteleuropäischen Völker töten oder zu Krüppeln machen würde.)
In den Jahren seit 1967 rückte die Problematik einer Strategie des »frühen Ersteinsatzes« der westlichen atomaren Waffen immer deutlicher ins Bewußtsein; vor allem stellte sich die Frage, ob eine derartige Strategie für die am stärksten Betroffenen akzeptabel sei. Eine solche Militärstrategie für Europa zu akzeptieren mag leicht sein für jemanden, der selber in Kalifornien wohnt oder in Georgia. Es ist weniger leicht – eigentlich fast unmöglich –, diese Strategie zu akzeptieren, wenn man in der Mitte Europas lebt.
Die Frage der Akzeptabilität – oder sagen wir, das Prinzip, daß die eigene Strategie für die Nation akzeptabel sein muß, die man verteidigen will – ist meiner Ansicht nach eines der sechs wichtigsten militärstrategischen Prinzipien, die es zu berücksichtigen gilt, wenn man die Szene vom europäischen Standpunkt

aus beurteilt. Diese sechs Prinzipien können und sollten von den Amerikanern geteilt werden.

1. Das erste Prinzip ist das Prinzip der *Abschreckung*. Abschreckung ist keine Erfindung des 20. Jahrhunderts. Als strategisches Prinzip besitzt es schon seit der Zeit der Griechen und Römer Geltung: den potentiellen Angreifer abschrecken, indem man ihm ein Übel androht, das den erreichbaren Gewinn übersteigt.

2. Das zweite Prinzip ist das Prinzip der Plausibilität oder *Glaubwürdigkeit*. Der Gegner muß überzeugt sein, daß man wirklich tun wird, was man zu tun androht. Hier liegt heute das Kernproblem aller unserer Nuklearstrategien. In dem Maße, wie im Westen Zweifel an der Glaubwürdigkeit unserer Militärstrategie aufkommen, vermindert sich auf sowjetischer Seite die Glaubwürdigkeit unserer Drohung.

3. Das dritte Prinzip nenne ich das Prinzip der *Verhältnismäßigkeit der Mittel*, die unsere Verteidigungsstrategie anwenden will. Die Debatte über die Frage, was angemessen ist (oder: Wieviel ist genug?), ist ernster und wichtiger geworden; sie spielt heute eine größere politische Rolle als in irgendeiner der früheren Phasen westlicher Strategie seit 1945.

4. Das vierte Prinzip besteht in der regelmäßigen oder fortwährenden *Neubewertung*, weil sich die Lage ständig verändert. Wir müssen unsere Bewertung

fortwährend revidieren. Wie die Geschichte der ersten fünfunddreißig Jahre der NATO zeigt, haben wir von Zeit zu Zeit unsere militärische Strategie revidiert, und wir werden dies auch in Zukunft tun müssen.

5. Das fünfte Prinzip ist das Prinzip des *Gleichgewichts* – oder der ungefähr gleichen Sicherheit für beide Seiten. Dieses Prinzip führt zu der Anstrengung, beiderseitig vereinbarte Rüstungsbegrenzungen zu erreichen. Ende der sechziger Jahre begonnen, hatte diese Politik in der ersten Hälfte der siebziger Jahre erhebliche Erfolge, zu denen seitdem aber nichts hinzu kam. SALT II, 1979 ausgearbeitet, wurde von den Vereinigten Staaten nicht ratifiziert und deshalb auch von den Russen nicht. Alle anderen Rüstungskontrollverhandlungen der letzten zwölf Jahre, an all den verschiedenen Tischen zu Wien und Genf, sind gescheitert. Zu den Fragen, die in Rüstungsbegrenzungsverhandlungen auftauchen, gehören die folgenden: Was ist angemessen? Was wird morgen angemessen sein? Wie kommen wir zu einem Gleichgewicht? Wie stabilisieren wir das Gleichgewicht, nachdem wir es definiert oder gefunden haben? Was sind die notwendigen Bestandteile eines Abkommens?

Selbstverständlich würde keine Supermacht, aber auch keine kleinere Macht wie die Bundesrepublik Deutschland ein Abkommen unterschreiben, das der anderen Seite insgesamt größere Vorteile zu bieten scheint als der eigenen. Und natürlich würde die andere Seite kein Abkommen unterschreiben, das unserer Seite größere Vorteile böte als ihr selbst. Also ist das Prinzip des Gleichgewichts der Natur der Sache nach allen Bemühungen inhärent, ein Rüstungsbegrenzungsabkommen zwischen beiden Seiten zu erzielen. Es ist einfach, dies festzustellen, aber für einige Politiker offenbar sehr schwer, es zu verstehen und zu akzeptieren.

6. Schließlich gibt es also das sechste Prinzip der *Akzeptabilität*, das eng mit dem zweiten Prinzip, dem der Glaubwürdigkeit, verbunden ist. Die Zweifel an unserer militärischen Haltung und unseren Absichten wachsen heute tatsächlich. Um es anders auszudrücken: Es besteht ein zunehmender Mangel an Akzeptanz innerhalb unserer eigenen öffentlichen Meinung. Ob in unseren Parlamenten – im Senat der Vereinigten Staaten, im Deutschen Bundestag, im Britischen Unterhaus –, ob in unseren Kirchen oder unseren Universitäten, ob bei denen, die sich als Experten betrachten, oder in der breiten Öffentlichkeit: in vielen Sektoren unserer öffentlichen Meinung gibt es ständig neue Beweise für das Akzeptanz-Defizit.

Das manifestiert sich in den verschiedenen Vorschlägen zum Einfrieren der Atomwaffen (»freeze«), einschließlich der Forderung nach einseitigem Einfrieren, ebenso in der Ablehung von Strategien des Ersteinsatzes (»no first use«) oder des

»frühen Ersteinsatzes (»no early first use«). Ähnliches gilt für die Auseinandersetzungen um die Stationierung von Pershing-II-Raketen und von bodengestützten Marschflugkörpern (Ground Launched Cruise Missiles). Schließlich gehört in diesen Bereich mangelnder Akzeptanz die Kontroverse über Präsident Reagans Strategische Verteidigungsinitiative (SDI).

Kurzum, die gegenwärtige westliche militärische Struktur und Strategie hat weder für unsere Öffentlichkeit noch für unsere Politiker, noch für unsere eigenen politischen Eliten hinreichende Überzeugungskraft.

Dies ist von entscheidender Bedeutung: Wenn wir unsere eigene Öffentlichkeit, unsere eigenen Parlamente nicht überzeugen können, dann gehen wir das Risiko sehr gefährlicher Mißverständnisse und Fehlkalkulationen auf sowjetischer Seite ein – Fehlkalkulationen darüber, was wir tatsächlich im Falle einer Erpressung oder Aggression oder Verletzung unserer Grenzen tun würden. Unsere eigenen Kontroversen und Zweifel können sogar unter Umständen als Aufforderung zum Handeln mißverstanden werden.

So sind heute die Fragen der Akzeptabilität und der Verhältnismäßigkeit der Kern des europäischen Sicherheitsproblems. Unsere Strategien sind nur dann glaubhaft – und werden es nur dann bleiben –, wenn wir sie selbst akzeptieren und wenn es in unseren eigenen Ländern keine ernstzunehmende abweichende Meinung gibt, welche diese Strategien nicht akzeptiert. Jetzt, da all diese Probleme der Öffentlichkeit bewußt geworden sind, wage ich die Voraussage, daß für den Rest dieses Jahrhunderts und sogar im nächsten Jahrhundert der Westen nie wieder in der Lage sein wird, eine militärische Strategie zu beschließen – oder eine militärische Struktur –, die von unserer eigenen Öffentlichkeit aus dem Grunde nicht akzeptiert wird, weil sie unausweichlich das zu zerstören scheint, was wir verteidigen wollen.

Wenn aber der frühe Ersteinsatz von Atomwaffen eine zunehmend inakzeptable militärische Strategie für jene europäischen Nationen ist, die auf dem potentiellen Kriegsschauplatz leben, dann erhebt sich unausweichlich die Frage: wie kann eine Situation geschaffen werden, in der der frühe Ersteinsatz von Atomwaffen überflüssig ist? Wie kann eine Situation herbeigeführt werden, in der die Entscheidung, als erste Atomwaffen anzuwenden, der sowjetischen Seite zufällt?

Die Antwort lautet im ersten Fall, daß man bei den konventionellen Streitkräften ein Gleichgewicht herstellen muß – entweder durch eine Vergrößerung der westlichen Streitkräfte (und nicht etwa durch deren Reduzierung, wie es Senator Mike Mansfield vor etwa zwanzig Jahren vorgeschlagen hat und Senator Sam Nunn es noch heute vorschlägt), oder durch Abkommen zwischen West und Ost über beiderseitig ausgewogene Streitkräfte und danach – hoffentlich – über Reduzierung auf ein niedrigeres Niveau auf beiden

Seiten. Dieses Ziel wird unter dem Namen »beiderseitige und ausgewogene Truppenverminderungen« (»Mutual Balance Force Reductions«, MBFR) am Verhandlungstisch in Wien seit über zwölf Jahren ohne Ergebnis angestrebt. Die Aussicht, ein MBFR-Abkommen zu erzielen, ist derzeit nicht sehr groß.

In den Vereinigten Staaten scheinen viele Leute der Überzeugung zu sein, daß man, um sich selbst verteidigen zu können, soviel Geld wie möglich für Verteidigung ausgeben müsse. Meiner Ansicht nach ist das keine richtige Perspektive. Wenn unser Hauptproblem in der sowjetischen konventionellen Überlegenheit liegt, so brauchen wir nicht mehr Geld für Atom- oder Weltraumwaffen, sondern angemessene Truppenstärken und konventionelle Waffen auf unserer Seite. Am wichtigsten ist die Notwendigkeit, uns mit konventionellen Mitteln verteidigen zu können.

Dabei gilt die höchste Priorität den Soldaten, nicht dem Geld. Die zweite Priorität gilt der Motivation unserer Soldaten, also wieder nicht dem Geld. Die dritte Priorität lautet: Ausbildung, militärisches Training und Können unserer Soldaten – auch dies ist keine Geldfrage. Erst die vierte Priorität – Stiefel, Gewehre, Fahrzeuge, Panzer und was sonst noch nötig ist, um diese Soldaten auszurüsten – kostet wirklich Geld.

Die Menschen sind am wichtigsten, nicht nur im pragmatischen Sinne tatsächlicher Kriegserfahrung, sondern auch in einem ethischen und philosophischen Sinn. Es ist meine Überzeugung, daß eine Demokratie

bei ihrer Verteidigung gegen fremde Gewalt sich nicht
auf Freiwillige oder Söldner verlassen darf; vielmehr
sollte jeder Bürger begreifen, daß er selber sein Leben
einsetzen muß, wenn er eine sichere Verteidigung will.
Ich verstehe die Ansicht vieler Amerikaner, daß das
Prinzip der Wehrpflicht während des Vietnam-Krieges
mißbraucht wurde. Aber die Wehrpflicht daraufhin
kurzerhand abzuschaffen war ein zu einfacher Ausweg
aus der innenpolitischen Kontroverse. Keiner der kontinentalen Staaten Westeuropas hat diesen Weg einge-
schlagen. Sie haben alle die Wehrpflicht beibehalten,
was politisch gesehen ein viel größeres individuelles
Opfer bedeutet, als das Geld der Steuerzahler auszugeben.

Weil die kontinentalen europäischen Staaten diesen
politisch schwierigen Kurs beibehalten, während die
Vereinigten Staaten ihn aufgegeben haben, halte ich
die amerikanische Kritik an den angeblich zu geringen
Verteidigungsausgaben der europäischen Länder für
ungerechtfertigt. Als noch weniger legitim betrachte
ich die amerikanischen Drohungen, die Zahl der amerikanischen Truppen in Europa zu reduzieren, um die
europäischen Regierungen zu zwingen, mehr Geld
auszugeben.

Offensichtlich werden die Vereinigten Staaten ihre militärische Denkweise und ihre Prioritätensetzung kurz-
fristig nicht ändern. Deshalb müssen die Europäer
selber ihre Lage prüfen.

Dabei gibt es besonders ein zentrales Problem, das

einer effektiven europäischen Verteidigungsanstrengung im Wege steht. Wenn Frankreich seine konventionellen Streitkräfte und seine Reserven in die gemeinsame Struktur der westlichen Verteidigung einbringen würde, so wäre hinsichtlich der konventionellen Streitkräfte ein zufriedenstellendes Gleichgewicht zwischen Westeuropa und der Sowjetunion leicht zu erreichen. Nach der Mobilisierung hätten wir dann etwa achtzehn deutsche Divisionen, etwa fünfzehn bis achtzehn französische Divisionen und mehrere Benelux-Divisionen – insgesamt annähernd vierzig westeuropäische Divisionen sowie einige britische Truppen. Solch eine Streitmacht müßte natürlich einem französischen Oberbefehlshaber unterstellt werden.

Eine der Ungeheuerlichkeiten der gegenwärtigen Situation in Europa besteht darin, daß vielen Hunderttausenden europäischer Soldaten, die unter amerikanischem Oberbefehl stehen, immer wieder gesagt wird, sie könnten nicht sehr lange erfolgreich kämpfen, so daß der Westen gezwungen sein würde, taktische Nuklearwaffen einzusetzen, was auf die Zerstörung ihrer Heimatländer hinausläuft.

Wenn wir diese mißliche Situation ändern wollen, so erhebt sich die weitere Frage: Wie überzeugt man die politische Führung Frankreichs, deren Einschätzung strategischer Angelegenheiten noch im alles beherrschenden geistigen Schatten von Charles de Gaulle steht, den Schritt zu tun, den ich vorgeschlagen habe? De Gaulle war überzeugt, Frankreich müsse selbständig handeln können. Dabei hegte er die Hoffnung – die er aber öffentlich nicht aussprach –, daß andere Staaten bei der Verteidigung Europas (und damit auch Frankreichs) die Hauptlast übernehmen würden. Aber nur wenn sich die Franzosen für eine neue Politik entschieden (weil sie beispielsweise durch einen immerhin möglichen Rückzug der Vereinigten Staaten aus Europa dazu gezwungen würden), nur dann würden zusätzliche Haushaltsmittel zur Verfügung stehen, um die notwendigen Waffen, Fahrzeuge, Munition und so weiter für die dann mobilisierbaren Reserven zu kaufen.

Wirtschaftsprobleme

In amerikanischen Zeitungen steht gelegentlich etwas über den Gemeinsamen Europäischen Markt zu lesen, und etwas Derartiges existiert zwischen zwölf europäischen Staaten tatsächlich, Spanien und Portugal sind ja inzwischen der Europäischen Gemeinschaft beigetreten. Genauer betrachtet handelt es sich aber nicht wirklich um einen »gemeinsamen« Markt.

Die französische Telefon- und Telegrafenverwaltung kauft keine deutschen Telefone, die britische Eisenbahn wird nie französische Eisenbahnwaggons kaufen, die deutsche Bundesbahn wird keine englischen Lokomotiven kaufen und so weiter. Es soll zwar ein gemeinsamer Markt sein, doch sehr »gemeinsam« ist er nicht. In diesem Markt von über dreihundert Millionen Menschen gibt es weder ein gemeinsames System der Besteuerung noch gemeinsame technische Normen. Nicht einmal eine koordinierte Steuerpolitik besteht in den zwölf Ländern. Neben dem ziemlich kleinen Budget für die Brüsseler Kommission und ihre Büros und ihre Agrarpolitik gibt es weder einen gemeinsamen Haushaltsrahmen für die Mitgliedstaaten, noch betreiben die Finanzminister der Mitgliedsländer eine koordinierte Haushaltspolitik.

Es existiert keine gemeinsame Währung, ja nicht einmal eine koordinierte Währungspolitik der zehn Zentralbanken. Einen Ansatz zur Gemeinsamkeit auf dem Geldsektor bildet das Europäische Währungssystem (EWS), das Ende der siebziger Jahre unter der gemeinsamen Führung von Frankreich und der Bundesrepublik Deutschland geschaffen wurde – aber augenblicklich zögern die Regierungen, das System zu vervollständigen und es zu einem kraftvollen Faktor auf den internationalen Kreditmärkten und im internationalen Währungsnetz zu machen.

Tatsächlich vorhanden ist hauptsächlich ein gemeinsames Agrarpreissystem und eine landwirtschaftliche Einkommenspolitik – übrigens eine unsinnige Politik, um nichts besser als die amerikanische Agrarpolitik. Sie konsumiert etwa fünfundsechzig, vielleicht sogar siebzig Prozent des gesamten Haushaltes der europäischen Behörden in Brüssel. Die Tatsache, daß die EG von der gemeinsamen Agrarpolitik dominiert wird, ist die Folge eines Fehlers, der schon in den Römischen Verträgen zu Beginn der Gemeinschaft vor etwa dreißig Jahren begangen wurde. Als Folge davon streiten sich die Minister aller Länder Jahr für Jahr länger über die Einkommensunterschiede der europäischen Landwirte als über irgend etwas anderes.

Aber die Landwirte stellen nur siebeneinhalb Prozent der Bevölkerung Europas, während mehr als elf Prozent der Europäer zur Zeit arbeitslos sind. Dies aber wirft viel größere Probleme auf als die Einkommensprobleme der Bauern. Eine gemeinsame Lösung für die über elf Prozent Arbeitslosen ist nicht in Sicht. Statt dessen haben in den Jahren seit dem letzten Ölschock mehrere Regierungen begrenzte Versuche unternommen, in ihren Ländern die Arbeitslosigkeit auf rein nationaler Basis zu verringern.

Das gilt beispielsweise für Frankreich. Als Präsident Mitterrand im Frühjahr 1981 sein Amt antrat, vollzog Frankreich bewußt einen politischen Kurswechsel zugunsten des »deficit spending«. Orientiert an den klassischen Prinzipien von Keynes, glaubte die französische Führung damit eine zusätzliche Nachfrage schaffen zu können, deren Befriedigung eine Steigerung der Güterproduktion nach sich ziehen würde, wodurch wiederum Arbeitsplätze in der herstellenden Industrie geschaffen beziehungsweise erhalten werden sollten. Bis zu einem gewissen Grade erreichte man dieses Ziel auch, aber hauptsächlich schuf und erhielt man Arbeitsplätze für Deutsche oder Italiener, da deren Unternehmen bei der Belieferung des französischen Marktes flexibler waren als die verstaatlichten französischen Unternehmen. Was Frankreich für sich selbst erreichte, war vor allem ein enormes Defizit in seiner Handels- und Leistungsbilanz. In weniger als zwei Jahren mußte die französische Regierung den Franc dreimal abwerten; danach gab sie ihre Politik des »deficit spending« auf. Die Arbeitslosigkeit in Frankreich ist nicht verringert worden, sondern hat sich seitdem noch erhöht.

England liefert ein anderes Beispiel. Die Premierministerin Thatcher versucht seit einigen Jahren, eine streng nationale, angebotsorientierte Wirtschaftspolitik zu betreiben, aber das Resultat ist deutlich negativer als bei den Franzosen; die Zahl der Arbeitslosen und deren prozentualer Anteil liegen in Großbritannien noch höher als in Frankreich.

Die Niederlande bieten ein drittes Beispiel. Sie versuchten, der Bundesrepublik Deutschland zu folgen, weil die meisten ihrer Exporte dorthin gehen; Deutschland ist der größte und wichtigste Markt der Niederlande. Aber bei dem Versuch, der deutschen Währungspolitik zu folgen, haben die Niederlande sich selbst über sechzehn Prozent Arbeitslose eingehandelt. Italien andererseits druckt Geld praktisch je nach Bedarf und hat deshalb eine der höchsten Inflationsraten in Europa. Die Bundesrepublik ist mit Inflation und Arbeitslosigkeit immer etwas besser fertig geworden. Niemals hat es hier zweistellige Inflationsraten gegeben; aber auch Deutschlands wirtschaftliche Leistung ist seit 1981 keinesfalls zufriedenstellend.

Trotz all dieser Probleme stellen die dreihundertdreißig Millionen Menschen Europas potentiell einen enormen Markt dar; die Bevölkerungszahl der Europäischen Gemeinschaft ist beträchtlich höher als die der Vereinigten Staaten. Das wirtschaftliche Potential Europas wird daran anschaulich, daß die Bundesrepublik Deutschland für sich allein ungefähr das gleiche Exportvolumen erreicht wie die Vereinigten Staaten, obwohl die Bevölkerung der Vereinigten Staaten viermal so groß ist. Deutschland hat sogar ein größeres Exportvolumen als Japan, obwohl Japan eine doppelt so große Bevölkerung hat. Und Frankreich, Großbritannien, Holland, Italien sind dabei gar nicht mitgerechnet, obwohl sie doch – und auch die restlichen Mitglieder der Gemeinschaft – ebenfalls ein umfangreiches Exportvolumen erzielen.

Das muß man im Auge haben, um das enorme Weltmarktpotential des alten europäischen Kontinents zu begreifen. Aber der vergebliche Versuch einzelner europäischer Länder, eine nationale statt einer gemeinsamen Wirtschaftspolitik zu betreiben, ist in höchstem Maße anachronistisch. Nicht ein Staat war erfolgreich bei den verschiedenen nationalen Kombinationen von finanz- und währungspolitischen Maßnahmen, die seit dem zweiten Ölschock von 1979/1980 erprobt wurden. Was ist unter diesen Umständen in unmittelbarer Zukunft notwendig und möglich? Drei verschiedene Schritte erscheinen mir wenigstens denkbar:

Erstens kann man ohne Zweifel einen wirklichen gemeinsamen Markt schaffen, um von der Kostensenkung durch wesentlich größere Serienproduktionen zu profitieren. Beispielsweise könnte man buchstäblich durch einen Federstrich die Ausschreibungen aller Regierungen und ihrer Behörden und der staatlichen Kapitalgesellschaften zu einer wirklich europäischen Angelegenheit und zum Gegenstand eines wirklich offenen Wettbewerbs für jeden in Europa machen.

Dies könnte leicht bewerkstelligt werden und würde rasch zu größerer Kooperation zwischen den verschiedenen nationalen, privaten und staatlichen Unternehmen führen.

Zweitens kann man unverzüglich das Europäische Währungssystem stärken. Dazu brauchte man keinen ratifikationsbedürftigen Vertrag; statt dessen würde ein Abkommen zwischen den Regierungen oder sogar nur zwischen den Zentralbanken genügen. Damit würde eine größere Konvergenz der Währungspolitiken der Zentralbanken erreicht – als wesentlicher Teil der Konvergenz der unterschiedlichen Wirtschaftspolitiken der einzelnen Regierungen; denn diese müßten sich konform verhalten, um nicht zu Abwertungen oder Aufwertungen ihrer jeweiligen Währung gezwungen zu werden. Mit anderen Worten: Das Ziel bestünde darin, das wirtschaftliche Verhalten der beteiligten Regierungen auf finanz- und währungspolitischem Gebiet zu harmonisieren und einen echten gemeinsamen Markt hinsichtlich des Geldes oder der Währung zu schaffen, die auf diesem Markte gilt.

Wenn man von New Haven nach New York reist, zahlt man mit dem gleichen Geld. Oder wenn man von New York nach Orlando, von da nach Beverly Hills und dann nach Seattle fährt, gilt immer noch die gleiche Banknote. Dies ist in Europa nicht der Fall, wo man an jeder Grenze sein Geld eintauschen muß. Dazu betreiben einige europäische Länder eine restriktive Währungspolitik, andere Staaten wiederum ändern die ihrige von Zeit zu Zeit. Wir sind weit entfernt vom Typus eines echten gemeinsamen Marktes, wie er innerhalb der Vereinigten Staaten und innerhalb Japans besteht. Die Japaner haben eine einzige Währung für einen Markt von einhundertzwanzig Millionen Menschen, die Amerikaner eine einzige Währung für zweihundertfünfunddreißig Millionen Menschen. Wir Europäer hingegen operieren mit elf Währungen für gute dreihundert Millionen Menschen!

Die Stärkung des europäischen Währungssystems würde es der EG als Institution auch erlauben, dem zur Zeit überwältigenden Druck der Wirtschaftspolitik (»policy mix«) der Vereinigten Staaten standzuhalten – der *économie dominante,* wie die Franzosen sagen. Diese Kombination von bisher restriktiver Geldpolitik einerseits mit super-keynesianischem »deficit spending« andererseits hat in den USA die höchsten Realzinsen weltweit verursacht. In unmittelbarer Zukunft könnte ein gestärktes Europäisches Währungssystem Europa helfen, der amerikanischen Politik die Stirn zu bieten. Zugleich hätte eine derartige Stärkung des Europäischen Währungssystems langfristig das Ziel zu verfolgen, ein Dreieck zwischen den wichtigsten Währungen der Welt zu schaffen: zwischen dem amerikanischen Dollar, dem europäischen Ecu und dem japanischen Yen.

Ein dritter – und schwieriger – Schritt läge darin, wenn

sich die Europäer auf eine gemeinsame Wirtschafts-Strukturpolitik einigten, damit die europäische Wirtschaft so restrukturiert werden kann, daß sie wieder ein hinreichendes quantitatives und qualitatives Wachstum erreichen kann, um ihre Wettbewerbsfähigkeit zu fördern und wieder ein hohes Beschäftigungsniveau herzustellen. Die europäische Wirtschaftsstruktur ist stärker als die amerikanische auf die Produktion von Investitionsgütern und Anlagen eingerichtet. Es gibt einen viel höheren Prozentsatz dessen, was man alte Schornstein-Industrie nennt, in England, Frankreich, Belgien, Holland und an der Ruhr als in Amerika, und da sind Pittsburgh, Cleveland oder Detroit eingeschlossen.

Zu große Teile der europäischen Industrie waren bisher Schwerindustrie. Sie bedürfen dringend einer Umstrukturierung und neuen Aufgabenstellung. Die enorme Stahlnachfrage, die wir während des Vietnam-Krieges hatten, wird nicht wiederkehren. Auch nicht die extrem hohe Nachfrage nach Schiffen und Schiffsraum, die während des Vietnam-Krieges und den heftigen Konflikten von 1967 und 1973 zwischen Israel und seinen Nachbarn bestand; seit der Wiedereröffnung des Suez-Kanals benötigen wir kaum noch zusätzliche Tankschiffe von 400000 oder 500000 Tonnen. Statt überflüssiger Schiffsbau- und Stahlkapazitäten braucht Europa moderne, wachstumsorientierte Industrien und Wirtschaftszweige, sei es in den neuen Technologien, sei es im Dienstleistungsbereich. Und

ganz gewiß braucht Europa ein gemeinsames For-
schungs- und Entwicklungsprogramm auf dem Gebiet
der Hochtechnologie.

Präsident Mitterrand hat unlängst eine Reihe von Vorschlägen für gemeinsame Großprojekte unterbreitet,
beispielsweise für ein Netz von Hochgeschwindig-
keitszügen, das die Hauptstädte Europas verbindet –
Züge, die so schnell fahren wie zwischen Tokio und
Osaka oder zwischen Paris und Lyon. Der Tunnel
unter dem Kanal zwischen England und dem Konti
nent soll nun endlich gebaut werden. Gemeinsame
private Raumfahrt- und Telekommunikationsprojekte
sind durchaus möglich. Die Reihe der Beispiele ließe
sich verlängern.

Da die Europäer ihre Verteidigungsbudgets nicht in
demselben Ausmaß wie die Amerikaner dazu verwenden können, Hochtechnologie auch in den zivilen in-
dustriellen Sektoren zu fördern, bleibt ihnen nichts
anderes übrig, als vergleichbare Ergebnisse mit Hilfe
gemeinsamer Projekte zu erzielen. Die Initiative Mit-
terrands für gemeinsame europäische Hochtechnolo-
gieanstrengungen unter dem Namen »Eureka« weist
in die gleiche, richtige Richtung wie die vorher er-
wähnten Beispiele.

Die Frage ist natürlich, ob eine der drei von mir vorge-
schlagenen Initiativen in naher Zukunft realisiert wird.
Die Schwierigkeit liegt darin, daß es den meisten der
gegenwärtigen europäischen Regierungen an Pro-
blembewußtsein und an Vorstellungskraft fehlt. Und

wo wenigstens etwas davon vorhanden ist, fehlt der Wille zur Verwirklichung. Und wo solcher Wille erkennbar ist, fehlt das Können. Europa mangelt es heute insgesamt an politischer Vitalität.

Der politische Rahmen
Westeuropas

Manche Leser stellen sich an diesem Punkt vielleicht die einfache Frage: Warum können die Staaten Europas nicht wie eine große Familie leben? Meine Antwort lautet: Sie versuchen es, sie versuchen es wirklich. Aber so wie Nationen in Kriegszeiten ihre Gegner hassen, so hassen sie in Friedenszeiten manchmal ihre Freunde und Verwandten. Die europäischen Staaten verstehen manchmal die amerikanische Außenpolitik nicht; wenn die Amerikaner gelegentlich das Verhalten der europäischen Staatenfamilie nicht begreifen können, so zeigt dies nur, wie sehr wir uns ähneln. Doch gebe ich zu, daß es selbst für Europäer alles andere als einfach ist, die Hemmnisse zu verstehen, die gegenwärtig die Entwicklung Europas behindern.

Da wir gerade von Freunden sprechen, die sich gelegentlich wie Gegner benehmen, oder genauer gesagt, wie nationalistische Rivalen, sollte ich hinzufügen, daß die westeuropäischen Nationen – aber auch die Polen, die Ungarn, die Tschechen und andere in Osteuropa – sich heute als Freunde fühlen, obwohl sie ein Jahrtausend von Kriegen und Rivalität hinter sich haben. In dieser Hinsicht ist die europäische Situation den Bedingungen im Fernen oder Nahen Osten bei weitem vorzuziehen, wo allzu viele Nationen einander keine wirklichen Freunde sein wollen. Hier liegt in der Tat ein ganz großer Unterschied zwischen der komplexen Situation in Europa und der ebenso komplexen Situation im Nahen Osten, im Fernen Osten oder in Südostasien.

Zum Beispiel ergibt heute eine Meinungsumfrage in Frankreich zu der Frage: »Wen betrachten Sie als unseren besten Freund?« mit Zweidrittelmehrheit die Antwort: »Die Deutschen.« Wenn man die gleiche Meinungsumfrage in Deutschland macht, antworten über siebzig Prozent der Deutschen: »Unsere besten Freunde sind die Franzosen.« Noch vor dreißig Jahren wären beide Ergebnisse undenkbar gewesen. Das ist ein enormer Fortschritt. In mancher Hinsicht haben die Völker größere Fortschritte gemacht als ihre politischen Führungen.

Ich muß gestehen, daß ich ein ziemlich frankophiler deutscher Politiker gewesen bin, obwohl ich nicht frankophon bin. (Ich spreche Englisch, wenn ich mit meinen französischen Freunden rede.)

Ich bin nicht immer frankophil gewesen. Als 1957, vor fast dreißig Jahren, die Römischen Verträge dem deutschen Parlament zur Ratifizierung vorlagen, enthielt ich mich der Stimme; denn so sehr ich von der Notwendigkeit europäischer Integration überzeugt war, so meinte ich damals doch, daß eine Europäische Gemeinschaft ohne britische Erfahrung und britischen Pragmatismus niemals erfolgreich sein könne.

In den darauffolgenden dreißig Jahren habe ich sehr viele Enttäuschungen erlebt, aber auch positive Erfahrungen gemacht. Zu den Enttäuschungen zählte die Erkenntnis, daß nahezu kein Mitglied der politischen Elite Englands, gleich, ob vom rechten oder linken Flügel des politischen Spektrums, daß nahezu keine Frau und kein Mann in Whitehall den Atlantischen Ozean zwischen England und Amerika für breiter halt als den Kanal zwischen England und dem europäischen Festland. (Eine bemerkenswerte Ausnahme bildete natürlich Edward Heath, aber er ist seit über zwölf Jahren nicht mehr im Amt; einige wenige Ausnahmen gab es noch in den Reihen der Opposition.)

Insgesamt bin ich schließlich zu der Meinung gelangt: General de Gaulle hatte darin recht, daß die Engländer nicht wirklich bereit sind, sich auf Gedeih und Verderb mit den übrigen europäischen Nationen zusammenzutun. In bezug auf die Integration Westeuropas haben die Briten nie den Rat von George Bernard Shaw befolgt, der einmal sagte: »Diejenigen Menschen, welche in dieser Welt weiterkommen, sind solche, die aufstehen und die Umstände suchen, die sie brauchen, und wenn sie sie nicht finden, schaffen sie sie.« Die Briten werden dem Klub nur dann wirklich beitreten, wenn sie seinen Erfolg nicht verhindern können. (Klingt das etwas zu barsch, so bitte ich die Briten um Nachsicht.) Ich begann in der praktischen Politik als Anglophiler, aber die eben beschriebene Erfahrung sowie der starke Eindruck, den Präsident John F. Kennedy auf mich machte, brachten mich dahin, politisch ein Amerikanophiler zu werden, oder, wie man damals in Europa sagte, ein Atlantiker. Dann aber, nicht aus Enttäuschung über unseren atlantischen amerikanischen Partner, sondern mehr als Folge meiner wachsenden Einsicht in die geopolitische Situation meines Landes, bin ich in den letzten fünfzehn oder achtzehn Jahren schließlich ein Frankophiler geworden, ein überzeugter Befürworter der Priorität deutsch-französischer Freundschaft sowie enger wirtschaftlicher, politischer und militärischer Zusammenarbeit zwischen Frankreich und Deutschland.

Ich habe schon die militärische Situation auf deutschem Boden geschildert und den Kriegsschauplatz-Charakter der Bundesrepublik erwähnt. Ich muß an dieser Stelle etwas hinzufügen, das viele Franzosen und andere Westeuropäer nicht völlig begreifen, zumindest aber nicht ganz klar sehen. Ich meine die Tatsache, daß die Deutschen schwer an den Wunden leiden, die ihrer nationalen Identität zugefügt wurden. Die gewaltsame Teilung einer Nation schafft nicht zwei Nationen. Sie kann eine Nation zerstören; aber im deutschen Fall hat sie die Nation tief verwundet, ohne sie zu zerstören. Die Ost- und die Westdeutschen teilen den innersten Wunsch, irgendwann in der Zukunft einmal wieder unter einem Dach vereinigt zu sein.

Niemand sollte sich irgendwelchen Illusionen darüber

hingeben: Die Deutschen werden so hartnäckig sein
wie die Polen, die ihre Einheit erreichten, nachdem sie
fast einhundertdreißig Jahre lang geteilt waren. Kurz
danach wurden sie von Stalin und Hitler wieder geteilt, aber sie wollten immer noch in einem gemeinsamen Staat leben, und nach 1945 schließlich verwirk-
lichten sie dieses Ziel unter sehr widrigen Umständen. Das gleiche wird für die Deutschen gelten, obwohl sie wissen, daß in der derzeit voraussehbaren
Zukunft keine Chance dafür besteht. Irgendwann im
nächsten Jahrhundert könnte ihr Ziel aber erreicht
werden – und mag es auch erst spät im nächsten
Jahrhundert sein.

Gleichzeitig wissen wir Deutschen, daß die Russen
unsere Nachbarn – mächtige Nachbarn – sind und
bleiben werden. Und es handelt sich ja um sehr nahe
Nachbarn – nur wenige Minuten benötigt ein sowjetischer Kampfbomber, um Bomben auf die Stadt Hamburg abzuwerfen, und im Fall eines Vorstoßes nach
Westen trennt nur eine Stunde die vorderste sowjeti-
sche Panzerdivision von der westlichen Küste
Deutschlands. Seit vielen Jahrhunderten sind die Russen unsere Nachbarn gewesen; und weil sie es weiterhin bleiben werden, wollen wir Deutschen normale
Beziehungen zu ihnen haben und mit ihnen in Frieden leben. Es ist einfach, einen weit entfernten Staat
als »Reich des Bösen« zu bezeichnen, aber wenn dieser Staat der unmittelbare Nachbar ist, nötigt das zu
sehr viel vorsichtigerer Wortwahl. Um offen zu sein:

deshalb mögen wir und andere Europäer solche Sprache nicht.

Wir wissen auch, daß wir vor unseren russischen Nachbarn auf der Hut sein müssen – wir müssen in der Lage sein, uns selber zu verteidigen, um sie durch diese Fähigkeit von jeder vorstellbaren Verletzung unserer Grenzen abzuschrecken. Die Deutschen wissen genau, daß sie das nicht alleine können, daß sie dazu Partner und Verbündete brauchen. Es gibt etwa sechzig Millionen Deutsche auf der westlichen Seite Deutschlands (und etwa sechzehn Millionen auf der östlichen), die Sowjetunion hingegen beherbergt zweihundertsiebzig Millionen Menschen.

Insbesondere können deutsche Interessen innerhalb Europas nur in dem Maße verfolgt werden, in dem die Franzosen involviert sind und deutsche Positionen unterstützen. Andererseits will Frankreich eine führende Rolle auf der Weltbühne spielen. In Paris und in Frankreich meint man, nach Jahrhunderten kontinuierlicher geistiger und politischer Entwicklung sei es für Frankreich natürlich und legitim, eine weltpolitische Rolle zu spielen. Aber eine Nation von fünfundfünfzig Millionen Menschen kann eine solche Rolle nicht wirksam spielen, wenn sie keine Freunde und Verbündete hat, die französischer Führung folgen.

Eben deshalb glaube ich, daß es im Interesse von Frankreich wie von Deutschland liegt, wenn die beiden Länder so eng wie möglich zusammenarbeiten. Allein sind beide Staaten zu klein, um ein entscheidendes

Gewicht gegenüber den beiden Riesen zu besitzen, ob es nun der unfreundliche Nachbar im Osten oder der freundliche Verbündete im Westen ist oder, in der Zukunft, die aufsteigende Weltmacht China, die Ende des Jahrhunderts eine Bevölkerung von mehr als ein- einviertel Milliarden Menschen umfassen wird.

Wenn man von Frankreich und Deutschland spricht, darf man nicht die gemeinsame Geschichte dieser bei- den Nationen vergessen. Nach unzähligen Kriegen gegeneinander sind sie bereit, sich heute gegenseitig als die besten Freunde anzusehen. Das ist eine große Sache. In der Beziehung zu Frankreich erwächst die Stärke der deutschen Position zu einem gewissen Grad aus dem Paradox seiner geopolitischen Lage. Deutsch- land hat mehr Nachbarn als Freunde. Es hat in den letzten Jahrhunderten auch mehr Nachbarn gehabt als irgendeine andere Nation der Welt außer China. Kein anderer Staat der Welt liegt in der Mitte eines so kleinen Kontinents und ist von so vielen Nachbarn umgeben. Das ist einer der Gründe dafür, warum es so viele Kriege gegeben hat. Manchmal haben die Deut- schen außerhalb ihrer Grenzen zugeschlagen, und manchmal sind Völker aus dem Norden (die Skandina- vier und die Wikinger), dem Westen (die Franzosen unter Ludwig XIV. und Napoleon) oder aus dem Osten (die Ungarn, die Türken, die Russen) in Deutschland eingefallen. Den zerstörerischsten und verbrecherisch- sten Krieg aber führten die Deutschen, als sie unter Hitler versuchten, ihre Nachbarn zu unterwerfen.

Die geopolitische Lage Deutschlands wie auch seine Rolle als potentieller Kriegsschauplatz im militärstrategischen Denken sowohl der Sowjetunion als auch der westlichen Seite machen es für den Westen unerläßlich, daß die Bundesrepublik Deutschland sich politisch nach Westen orientiert und eng an ihn gebunden bleibt. Sollte dieses Band zerreißen, bedeutete das einen entscheidenden, unersetzbaren Verlust für den Westen. Langfristig werden jedoch die Deutschen nur dann auf der Seite des Westens verbleiben, wenn Frankreich sie unterstützt und an den Westen bindet. Dieses Kernland des kontinentalen Europas wird nicht durch einen amerikanischen Präsidenten aus Georgia, Kalifornien oder sonst einem US-Staat an den Westen gebunden; es kann nur durch die Westeuropäer an den Westen gebunden werden, insbesondere durch die Franzosen.

Französische Führungspersönlichkeiten, ob de Gaulle, Pompidou, Giscard d'Estaing oder Mitterrand, haben das verstanden und diese Notwendigkeit zum Fundament ihrer Politik gemacht. Doch begreifen die Franzosen noch immer nicht, daß sie auf die Dauer nicht von den Deutschen verlangen können, die Risiken der Verteidigung Frankreichs gegen den Osten zu tragen, wenn nicht auch Frankreich sich uneingeschränkt und sichtbar an diesen Verteidigungsanstrengungen beteiligt. Frankreich kann Deutschland nur führen, wenn es die Risiken und die tatsächliche Verteidigung mitträgt. Es kann die politische Führung nur dann übernehmen, wenn es auch eine aktive Rolle in der militärischen Führung übernimmt, die natürlich eine Beteiligung an den gemeinsamen militärischen Anstrengungen voraussetzt.

Solange Frankreich diesen Schritt nicht tun will, der angesichts der noch heute in Frankreichs strategischem Denken vorherrschenden gaullistischen Stimmung nicht leichtfällt, werden die Deutschen weiterhin die Franzosen für ihre besten Freunde, aber nicht für ihre wichtigsten militärischen Verbündeten halten. Vielmehr werden sie diese Rolle weiterhin den Vereinigten Staaten zuordnen.

Es liegt nachdrücklich im allgemeinen Interesse des Westens wie auch der Deutschen (einschließlich der Ostdeutschen), daß dieses Land im Herzen Europas eng an die westliche Familie oder das westliche Bündnis gebunden bleibt. Das ist besonders wichtig, um zu verhindern, daß auch nur ein einziger europäischer Staat russischer Hegemonie zum Opfer fällt oder – wegen der Neutralisierung Deutschlands oder von Teilen Deutschlands – die Übermacht Sowjetrußlands an konventionellen Streitkräften zusätzliches politisches Gewicht gewinnt.

Heute steht außer Frage, daß tatsächlich eine echte und dauerhafte Ankoppelung Westdeutschlands an den Westen stattgefunden hat. Darüber besteht in Deutschland kein Zweifel, und es gibt keinen Grund, im Ausland daran zu zweifeln. Doch weder ist Westeuropa – hauptsächlich wegen des Zögerns der Briten –

zu einer effektiven wirtschaftlichen Einheit geworden,
noch hat Westeuropa – wegen des Zögerns der Franzosen – eine effektive Verteidigungseinheit erreicht.

Die amerikanische Dominanz

Offenkundig ist es Europa nicht gelungen, seine Autonomie gegenüber den Vereinigten Staaten zu vergrößern. Vielmehr scheint insbesondere in den letzten Jahren das Gegenteil der Fall zu sein, vor allem seit die Vereinigten Staaten ihre psychische Schwäche nach Vietnam und Watergate überwunden haben. Während wir uns dem Ende des Jahrhunderts nähern, verändert sich möglicherweise die bipolare amerikanisch-sowjetische Welt allmählich zu einem Machtdreieck, das China einschließt. Aber Europa scheint derzeit nicht den Willen zu haben, in jener obersten Weltliga mitzuspielen, in der wir die Vereinigten Staaten, die Sowjetunion und demnächst die Volksrepublik China finden. Die meisten Westeuropäer geben sich noch immer einer Selbsttäuschung hin, indem sie die Welt aus einer eurozentrischen Perspektive betrachten. Geschichte ist seit zweitausend Jahren aus eurozentrischer Sicht geschrieben worden, und die Europäer haben diese alte Gewohnheit nicht aufgegeben. Sie können nur schwer verstehen, daß sich auch auf anderen Kontinenten Geschichte ereignet – ähnlich wie amerikanische Zeitungsleser es oft schwer verständlich finden, daß Kultur und Geschichte sich auch auf anderen Kontinenten jenseits der Grenzen der Vereinigten Staaten entwikkeln.

Über allen diesen Schwächen Europas darf man jedoch nicht vergessen, daß Europa eine strategisch wichtige Region bleibt – eine Region, die in der Tat entscheidende Bedeutung für die Sowjetunion und den Westen einschließlich der Vereinigten Staaten besitzt. Aber es kann noch lange dauern, bis die Europäer ihr analytisches Denken von den Folgen eines nationalen Differenzierungsprozesses befreien, der sich seit vielen Jahrhunderten vollzog und dessen Ergebnis Unterschiedlichkeit der Sprache, der philosophischen und religiösen Anschauungen, der sozialen und wirtschaftlichen Struktur und des politischen Verhaltens ist.

Es wird viel Zeit in Anspruch nehmen, und man darf nicht vorzeitig ungeduldig werden. Auch darf nicht vergessen werden, daß die Amerikaner ebenfalls zur Egozentrik neigen. Heute besteht in den Vereinigten Staaten in zunehmendem Maße die Tendenz, sich auf die Wahrnehmungen der eigenen nationalen Interessen zu konzentrieren. Zur Zeit herrscht fast eine Euphorie angesichts der amerikanischen Vitalität und Stärke, die sich in der gegenwärtigen amerikanischen Rüstungs- und Militärpolitik widerspiegelt. Aber diese Einstellung ist für die Europäer beunruhigend, und in gewissem Maße stellt das gegenwärtige europäische Verhalten eine Reaktion darauf dar.

Was ich über den Wunsch und zugleich die derzeitige Unfähigkeit der Westeuropäer sagte, mehr Autonomie gegenüber den Vereinigten Staaten zu gewinnen, gilt in noch stärkerem Maße für die Beziehungen der osteuropäischen Staaten zu Moskau. Dieses Verhältnis liefert sozusagen die Karikatur dessen, was für die amerikanisch-westeuropäischen Beziehungen gilt.

Ich kann die Situation durch einen kleinen Vorfall illustrieren – klein in amerikanischer Sicht, klein in sowjetischer Sicht, aber bedeutend in europäischer Sicht –, der sich im Sommer und Herbst 1982 ereignete. Zu jener Zeit verhandelten die Amerikaner und die Russen in Genf über Mittelstreckenraketen (INF) in Europa. Mein Freund Paul Nitze war der amerikanische Unterhändler. Niemand in Europa war besonders erpicht darauf, zusätzliche Atomraketen auf seinem Boden zu haben – keines der kommunistischen Regime, weder die Polen, Ungarn, Tschechen oder Ostdeutschen noch die NATO-Mitglieder, weder die Westdeutschen noch die Holländer, Belgier oder Italiener, nicht einmal die Briten. Aber die Entscheidung über die Stationierung hing vom Ausgang dieser Verhandlungen ab. Wir hatten dafür vier Jahre angesetzt, und die Vereinigten Staaten hatten für jedes Stadium enge Konsultationen versprochen.

Im Sommer 1982 entwickelte dann Nitze im Verlauf des berühmten »Waldspaziergangs« am Stadtrand von Genf mit seinem sowjetischen Partner eine Kompromißformel für ein INF-Rüstungsbegrenzungsabkommen. Ich würde noch heute sofort seine Formel annehmen, denn es handelte sich um einen weisen Kompromiß. Aber Moskau und ebenso Nitzes eigene Regierung in Washington lehnten ohne jede Konsultation, sogar ohne jede Information ihrer Verbündeten diesen Kompromiß ab. Die amerikanische Öffentlichkeit nahm den Vorfall kaum wahr, selbst nachdem er mehrere Monate später an die Öffentlichkeit gelangte. Aber er verursachte bei den demokratischen Regierungen Westeuropas tiefe Unzufriedenheit und Verärgerung, und eine ähnliche Reaktion war bei den kommunistischen Regierungen Osteuropas erkennbar.

Dieser Vorfall illustriert, daß die Westeuropäer nicht vollkommen fehlgehen, wenn sie das Gefühl haben, vor der politischen Hegemonie der Vereinigten Staaten auf der Hut sein zu müssen. Schließlich steht mit den SS-20-Raketen in erster Linie Europas Schicksal auf dem Spiel. Sie vermögen nicht die Vereinigten Staaten zu treffen, zielen aber auf Westeuropa, genau wie die in Westeuropa aufgestellten amerikanischen Raketen auf Ziele in der DDR, Polen, Ungarn und der Tschechoslowakei und im westlichen Rußland gerichtet sind.

Die amerikanische Verpflichtung zu engen Konsultationen mit ihren europäischen Verbündeten war ja während der INF-Verhandlungen in Genf ein integraler Bestandteil des NATO-Doppelbeschlusses von 1979 gewesen, in dessen Folge die INF-Verhandlungen initiiert wurden und in dem eine Anzahl europäischer Länder (mit Ausnahme Frankreichs) sich verpflichtet hatten, im Eventualfall des Scheiterns der Verhandlun-

gen schließlich doch neue amerikanische atomare Mittelstreckenraketen auf ihrem Boden stationieren zu
lassen. Der völlige Mangel an Konsultationen vor
der amerikanischen Ablehnung der Kompromißformel
stellte zweifellos einen Akt unberechtigter amerikanischer Dominanz dar.

Reagans Strategische Verteidigungsinitiative (SDI) bedeutete einen ähnlichen schweren Schlag. Es hatten
keinerlei Konsultationen mit den Verbündeten stattgefunden, als Reagan am 23. März 1983 öffentlich er-
klärte, SDI sei dazu bestimmt, »den Verlauf der Geschichte zu ändern«, und mache durch Errichtung
einer letzten, undurchlässigen Sperre gegen ballisti-
sche Flugkörper sogar die strategischen Atomwaffen
obsolet. Er faßte zweifelsohne eine Umkehrung der
bisher vereinbarten atomaren Strategie und der durch
sie implizierten atomaren Abschreckung ins Auge.

Die Idee der Verteidigung gegen die Atomraketen eines Gegners war natürlich der Sache nach nicht neu;
sowohl die Vereinigten Staaten als auch die Sowjetunion hatten spätestens seit den sechziger Jahren For-
schungen im Bereich der Raketenabwehrwaffen betrieben. Im ABM-Vertrag hatten sie sich 1972 auf eine
strikte Begrenzung der Zahl solcher Waffensysteme
geeinigt, um das Wettrüsten zu begrenzen und das
Gleichgewicht der gegenseitigen Abschreckung auf-
rechtzuerhalten.

Nunmehr wurde dies alles plötzlich als obsolet hinge-
stellt; zumindest war dies das Ziel des Präsidenten. Es

schien auch zu heißen, daß die französischen und britischen Atomstreitkräfte in Zukunft überflüssig sein würden. Und die Ankündigung schien eine Budget-Verlagerung weg von der konventionellen Verteidigung und hin zur Raketen-Abwehr zu beinhalten, womit die Bedrohung Europas durch die sowjetischen konventionellen Streitkräfte tendenziell noch weiter vergrößert würde.

Selbst heute, nach mehreren Jahren, ist völlig unklar, ob durch SDI auch nur eine halbwegs zufriedenstellende Verteidigung gegen die sowjetischen strategischen Raketen erreichbar sein wird. Es wird weitere zehn Jahre dauern, bis man überhaupt beurteilen kann, ob damit über eine gewisse zusätzliche Verteidigung amerikanischer Raketenbasen hinaus noch irgend etwas anderes wirksam geschützt werden kann. Den europäischen Regierungen erscheint es unwahrscheinlich, daß durch SDI die Sicherheit ihrer Bevölkerung erhöht wird. Diese Skepsis hängt mit den kurzen Entfernungen zusammen, die die auf Europa gerichteten Raketen zurücklegen müssen, und insbesondere mit der schon vorhandenen und künftigen Bedrohung durch unbemannte, der Bodensilhouette folgende Kampfflugzeuge oder Marschflugkörper (GLCM), denen kein zukünftiges SDI-System gewachsen wäre.

Überdies wissen die Europäer, daß die Russen sich auch durch die enormen Aufwendungen für eine rüstungstechnische Antwort auf SDI nicht wirtschaftlich niederkämpfen lassen werden. Die Russen sind besorgt über die Aussicht, ihre Wirtschaft schwächen zu müssen, aber sie werden in der Lage sein, mit den Amerikanern Schritt zu halten, möglicherweise mit nur geringer zeitlicher Verzögerung. Sie werden einfach ihre Bevölkerung ein wenig mehr darben lassen, um einen höheren Prozentsatz ihres Bruttosozialproduktes für militärische Zwecke ausgeben zu können. Die europäischen Regierungen aber haben nicht das geringste Interesse an einem Wirtschaftskrieg; sie legen Wert auf Gleichgewicht und Stabilität.

Aus all diesen Gründen hat der Versuch der amerikanischen Regierung, dem Bündnis die Strategische Verteidigungsinitiative aufzuzwingen, die Verbündeten in Europa überrascht und zutiefst beunruhigt. Verteidigungsminister Weinbergers anschließende dringende Aufforderung an die Verbündeten, sich dem Programm innerhalb von sechzig Tagen anzuschließen, bedeutete lediglich das Tüpfelchen auf dem i.

Die Vereinigten Staaten mögen mit diesem jüngsten Versuch einer eigenmächtigen und einseitigen Entscheidungsfindung davonkommen. Aber das Ergebnis könnte das gleiche sein wie beim Getreide-Embargo von 1980 und dem Erdgasröhren-Embargo von 1982. In beiden Fällen lehnten die Europäer, die nicht konsultiert worden waren, die Teilnahme glatt ab, weil sie nicht an Handelskriege glauben und Handelskriege nicht in ihrem Interesse liegen. Washington mußte beide Embargos kurz nach ihrer Verhängung wieder aufheben.

Der Mangel an Führungswillen in Europa scheint amerikanische Dominanz geradezu zu provozieren. Aber zuviel Dominanz von Leuten in Washington, die wenig internationale Erfahrung besitzen, unterminiert Europas Vertrauen in das wichtigste Mitglied des Bündnisses und dadurch in die Allianz selber.

Das ist das Dilemma: Europa hat ungenutztes Potential – sehr hohes wirtschaftliches, finanzielles, währungspolitisches, industrielles und militärisches Potential. Es wird aber nicht voll genutzt, hauptsächlich wegen des Führungsmangels innerhalb Westeuropas. Diese notwendige Führung auf dem Wege zu mehr Kooperation könnte von einer Gruppe von Ländern oder von einem einzelnen Land ausgehen – oder von einer herausragenden Einzelpersönlichkeit. Ich habe den Amerikanern geraten, nicht ungeduldig zu sein; sie sollten vermeiden, voreilig so abfällige Begriffe wie »Eurosklerose« zu verwenden.

Während der realtiv kurzen Geschichte der Vereinigten Staaten haben sich niemals fremde Armeen auf ihrem Territorium befunden. Anders als die Russen, die Polen, die Deutschen, die Franzosen und viele andere haben sie nie eine traumatische Niederlage erlebt oder katastrophale Opfer bringen müssen. Aus diesen (und anderen) Gründen verfügen die Vereinigten Staaten über die größte Vitalität aller Nationen der Welt. Obendrein sind die Amerikaner – von Geburt an oder auch durch Erziehung – Optimisten. Manchmal erscheint dieser Optimismus uns Europäern etwas naiv, denn wir sind aufgrund unserer historischen Erfahrung mehr oder weniger skeptisch geworden. Aber zweifellos ist der amerikanische Optimismus in den meisten Fällen recht hilfreich. Aus all diesen Gründen habe ich nicht nur eine tief verwurzelte Sympathie für die amerikanische Nation, sondern auch einiges Verständnis für ihr gelegentliches Überlegenheitsgefühl. Aber wenn ich einen kleinen Rat geben darf: Amerika sollte zu diesem Zeitpunkt der Geschichte die Überlegenheit, die es zu haben glaubt, nicht allzu offen zeigen; es sollte statt dessen den Rat des weisen Atheners Thukydides befolgen, der gesagt hat: »Die Athener haben nichts dagegen, wenn ein Mann klug ist, solange er es für sich behält.«

Auf jeden Fall dürfen die Amerikaner nicht vergessen, daß in bezug auf die amerikanische »Grand Strategy« – oder, um Henry Kissingers Formulierung zu benutzen, »Geostrategie« – Westeuropa und seine gutausgebildeten, fleißigen und erfinderischen Menschen ein unentbehrlicher Faktor der westlichen Stärke bleiben werden. Europa bleibt unentbehrlich für ein Amerika, das seine eigene Freiheit und seinen Frieden aufrechterhalten will.

Um die Einigung Europas
verdient gemacht*

Der Europarat hat sich um das Ziel der Einigung Europas verdient gemacht, vor allem um die Wahrung des geistigen Erbes, das uns Europäer verbindet und das uns trotz ungezählter Kriege und trotz unendlichen Leids die Hoffnung auf eine gemeinsame Zukunft in Frieden und im Ausgleich gibt.

Es war eine politische Pionierleistung des Europarates, einem internationalen Parlament ein Mitwirkungsrecht an der Gestaltung zwischenstaatlicher Beziehungen einzuräumen.

Eine zweite große Leistung war es, an die innere Ordnung seiner Mitgliedstaaten Ansprüche zu stellen, hohe Ansprüche. Daß über dem Zugang zum Europarat das Bekenntnis zur Freiheit und zur Demokratie steht, dies war und ist gerade unserer relativ jungen deutschen Demokratie eine Verpflichtung.

* Rede vor dem Europarat am 27. April 1978

».. . ein Durchbruch in der Verwirklichung und im
Schutz der Menschenrechte gelungen.«

Mit der Europäischen Menschenrechtskonvention hat
der Europarat die Durchsetzung der Menschenrechte
im Innern lange vor den Menschenrechtspakten der
Vereinten Nationen, vor der Schlußakte von Helsinki
zu einem gemeinsamen Anliegen seiner Mitgliedstaaten gemacht. Durch die Schaffung von Kommission
und Gerichtshof haben sich erstmalig Staaten auf
Grund freiwilliger Vereinbarung einem wirksamen
Kontrollmechanismus unterworfen. Das Recht eines
jeden Bürgers in unseren Staaten, bei diesen Kontroll-
instanzen Beschwerde gegen Übergriffe seiner eigenen
Regierung oder seiner eigenen Bürokratie zu führen,
verleiht der Arbeit des Europarats den Charakter eines
grundlegenden Modells. Hier ist in der Tat ein Durchbruch in der Verwirklichung und im Schutz der Menschenrechte gelungen.
Das System des Menschenrechtsschutzes des Europarats ist ein Modell, ein Vorbild. Es ist einzigartig.
Nirgendwo sonst in der Welt gibt es eine effektive
internationale Überprüfung interner Staatspraxis in
der Einhaltung der Menschenrechte. Das Modell ist
auch in dem Sinne einzigartig, daß die Menschenrechte im europäischen Verständnis wirkliche Rechte
der einzelnen Person sind. Wir europäischen Staaten
sehen diese Rechte der einzelnen Person als gemeinsamen Rechtsbestand und als unsere staatliche Gewalt

bindend an und unterwerfen uns dabei der Kontrolle der Rechtssprechung.

». . . Arbeit als wichtigen Grundwert für die Person verstehen.«

Ein eigenes und aus Gründen der inneren sozialen Stabilität besonders wichtiges Kapitel ist für mich die Gewährleistung sozialer Menschenrechte. Ich rede von der Freiheit von Not, die wir zu gewährleisten haben. Ausreichende Ernährung, Wohnung, Gesundheitsschutz: dies alles sind Menschenrechte, denen der gleiche Rang wie den staatsbürgerlichen Freiheitsrechten zukommen muß. Wir wissen, daß dieser Rang noch lange nicht erreicht ist und noch lange nicht überall erreicht werden kann. Auch die Bereitstellung von Arbeit oder von Arbeitsplätzen durch ständige Gewährleistung eines hohen Beschäftigungsstandes gehört in diese Betrachtung. Zwar können wir nicht jedem, der arbeiten kann und will, einen bestimmten Arbeitsplatz garantieren; aber wir alle sollten Arbeit als wichtigen Grundwert für die Person, für den einzelnen Menschen, verstehen, weil sich der Mensch in seiner Arbeit entfaltet und weil er sich ganz wesentlich in seiner Arbeit verwirklicht. Eine andere Frage ist es dann, ob für diese sozialen Menschenrechte der gleiche Mechanismus der Durchsetzung angemessen ist, wie ihn die Konvention für die Freiheitsrechte vorsieht.

Was die politischen Freiheitsrechte und deren Verwirklichung angeht, so brauchen sich die Staaten Westeuropas wirklich nicht zu verstecken. Nach unseren liberalen Rechtsstaatsdoktrinen wird mit den Menschenrechten Freiheit nicht nur für einige wenige, sondern für alle verlangt, für alle, die menschliches Antlitz tragen. Jeder zählt, jeder soll sich frei entfalten, jeder hat Anspruch darauf, daß seine Freiheit, seine Rechte geachtet, gegenüber den Ansprüchen anderer geschützt werden. Aber die soziale Wirklichkeit kontrastiert zum Teil auch heute noch durchaus mit dieser Idee. Und so wie das gleiche Wahlrecht wenig Bedeutung für solche Menschen hat, die nicht lesen oder schreiben können, so besagen Eigentumsrechte oder Vertragsfreiheit, Eigentumsfreiheit wenig für den, der für ihre Ausübung keine reale, wirtschaftliche Chance besitzt. Jeder von uns erinnert sich an die Ironie von Anatole France: Auf das Strafrecht bezogen hat er festgestellt, daß die erhabene Majestät der Gesetze es Reichen und Armen gleichermaßen verbiete, auf Straßen zu betteln und Brot zu stehlen, unter den Brücken der Seine zu schlafen. Jeder von uns hat das schon einmal gelesen oder gehört, und es ist immer noch richtig.

».. . Freiheit muß ebenso vor ökonomischer oder
gesellschaftlicher Macht anderer geschützt werden.«

Viele haben inzwischen erkennen können, daß die
Freiheit des einzelnen nicht nur vor der Übermacht der
Obrigkeit oder vor der Gewalt des Staates geschützt
werden muß, sondern daß sie ebenso vor ökonomischer oder gesellschaftlicher Macht anderer geschützt
werden muß. Oder, anders gesagt: die klassischen
Freiheitsrechte bedürfen der Ergänzung durch soziale,
wirtschaftliche, auch durch kulturelle Menschenrechte. Reale Freiheit muß sozial und wirtschaftlich
begründet sein. Jeder muß real seine eigenen Chancen
erhalten, und zu diesem Ziel, zu diesem Zweck haben
wir unsere Sozialordnungen zu gestalten. Dies ist einer
unserer wichtigsten Aufträge. Dabei dürfen wir uns
nicht durch scheinbar noch so starke soziale Besitz-
stände von dem Nachdenken über die Beseitigung
sozialer Defizite abhalten lassen.

».. . die erste internationale Organisation, die uns
Deutschen nach dem Kriege ihre Tore geöffnet hat.«

Zu einem anderen Kapitel übergehend, möchte ich
gern sagen, daß für uns Deutsche der Europarat die
erste internationale Organisation gewesen ist, die uns
Deutschen nach dem Kriege ihre Tore geöffnet hat und
die uns zur Mitwirkung beim Wiederaufbau Europas

einlud. Der Europarat bedeutete für uns eine doppelte Hoffnung, nämlich auf europäische Partnerschaft und auf Demokratie. Der Europarat als ein Stück Europas auf dem Boden Frankreichs stand für uns Deutsche auch für die geschichtlich notwendige Aussöhnung der beiden Nachbarstaaten Deutschland und Frankreich, eine Aussöhnung, die sich damals vor allem ganz leise und schrittweise auf französischer Seite anbahnte und die doch eine Schlüsselrolle in der europäischen Zusammenarbeit zu spielen hatte und die auch weiterhin eine Schlüsselrolle in der europäischen Zusammenarbeit besitzen wird.

»... die Nation heute nicht letzter Maßstab der Politik.«

Wir Deutschen haben aber aus unserer Geschichte, aus unseren Erfahrungen gelernt, daß die Nation heute nicht letzter Maßstab der Politik sein kann. Auch das Streben nach Vereinigung unseres Volkes darf den Frieden nicht vom ersten Platz unter unseren politischen Zielen verdrängen. Es wird ihn auch nicht verdrängen! Diese Erkenntnis hat uns in die Lage versetzt, mit allen unseren Kräften für Stabilität und Zusammenarbeit in Europa einzutreten. Das äußert sich z. B. in den Beiträgen, die wir zur Entspannungspolitik gegenüber dem Osten geleistet haben und die wir aus tiefer Überzeugung weiterhin leisten werden. Es äußert sich ebenso in unserem Beitrag zur gemeinsamen Sicherheit. Daß wir Deutschen in der europäischen Einigung neue Hoffnung auf Partnerschaft und auf Demokratie gefunden haben, ist – das will ich dankbar aussprechen – ein Beitrag unserer Partner, der nicht nur an uns geleistet, sondern der auch zum europäischen Frieden geleistet wird.

Wenn Europa trotz ost-westlicher Teilung nun seit über 30 Jahren keinen Krieg erlebt hat, wenn hier eine realistische und wirksame Entspannungspolitik geführt werden kann, so verdanken wir das auf der einen Seite sicherlich dem Bündnis einer großen Zahl europäischer Staaten und der Partnerschaft mit den USA und Kanada; aber daß die Stimme Europas – z. B. in der Atlantischen Allianz, aber auch in der Welt, ebenso im Westen wie im Osten – gehört wird, daß sie gilt und Einfluß ausübt, verdanken wir der europäischen Einigungspolitik in all ihren verschiedenen Erscheinungsformen, von denen der Europarat eine der allerersten war.

Die Staaten Osteuropas, zum RGW oder COMECON oder zum Warschauer Pakt gehörend, sind nach Geschichte und Tradition ein Teil Europas. Wir haben im multilateralen Entspannungsprozeß flexible, aber durchaus wirksame Formen der Zusammenarbeit entwickelt, die ja dann z. B. ganz wesentlich zu dem ausgewogenen Charakter der Absichtserklärung, der Schlußakte von Helsinki beigetragen haben. Die politische Zusammenarbeit in ganz Europa hat sich auch beim Belgrader KSZE-Folgetreffen bewährt. Ich bin davon überzeugt, daß sich die enge Abstimmung unter den EG-Staaten, zwischen den EG-Staaten und den übrigen Europaratspartnern auch im weiteren Verlauf bewähren wird.

».. . daß dem persönlichen Zusammentreffen von führenden Politikern eine große Bedeutung zukommt.«

Helsinki hat gezeigt, daß dem persönlichen Zusammentreffen von führenden Politikern, das Gelegenheit bietet, sich gegenseitig unmittelbar zu unterrichten, sich gegenseitig unmittelbar kennenzulernen, eine große Bedeutung zukommt. Ich würde es deshalb begrüßen, wenn im Rahmen der KSZE-Folgetreffen eine weitere Begegnung auf politischer Ebene vereinbart werden würde.

».. . das gegenseitige Vertrauen auf den rechtsstaatlichen und demokratischen Charakter eines jeden Mitgliedstaates.«

Unabdingbare Voraussetzung für den weiteren Erfolg der europäischen Einigungspolitik – jetzt meine ich wieder den Bereich der Staaten, die im Europarat repräsentiert sind – ist das gegenseitige Vertrauen auf den rechtsstaatlichen und demokratischen Charakter eines jeden Mitgliedstaates. Ich weiß, daß dieses Vertrauen nicht von vornherein und überall und zu jedem Zeitpunkt selbstverständlich ist. Ich weiß, daß historische Erfahrungen – in Klammern füge ich hinzu: ich weiß, daß manchmal auch innenpolitisches Kalkül dazu verführen kann – bisweilen dazu verführen können, Negativbilder über andere nach außen zu projizieren. Ich weiß, daß es manch einem z. B. schwerfällt, sich daran zu gewöhnen, daß die Deutschen vor nunmehr 30 Jahren einen Staat gegründet haben, die Bundesrepublik Deutschland, der seit einer Generation zu den rechtsstaatlichen Demokratien gehört.

».. . der Europarat die Ergänzung, das Bindeglied zwischen EG-Mitgliedstaaten und den Nichtmitgliedstaaten.«

Für uns Deutsche – und vielleicht darf ich hinzufügen: gewiß auch für die übrigen Partner der Europäischen Gemeinschaft – ist der Europarat die Ergänzung, das Bindeglied zwischen den EG-Mitgliedstaaten und denjenigen europäischen Ländern, die, ihren eigenen nationalen politischen Notwendigkeiten folgend, der EG nicht beigetreten sind oder ihr nicht beitreten können. Wir respektieren das. Aber wir schätzen den Kontakt, den es hier gibt. Ich spreche da durchaus auch von den Ministern der Staaten, die sich regelmäßig unter dem Dach des Europarats treffen. Wir denken, daß dieser

Kontakt, der politische Austausch, die gegenseitige Befruchtung, das Aufnehmen von Anregungen, das Ausstrahlen von Anregungen, das Verständnis für die Interessen und die Ziele der anderen, für die Sorgen und die Zwänge der anderen, daß dies alles von ganz großer Bedeutung für die Zukunft unseres Kontinents ist – ja: nicht nur in Europa von Bedeutung ist, sondern sich zum Beispiel auch in den Vereinten Nationen und an anderem Ort bereits heute fruchtbar ausgewirkt hat. Das Ergebnis von 30 Jahren europäischer Zusammenarbeit und Einigung wird noch keinen voll befriedigen können, und sicherlich sehen sich die europäischen Visionäre von dem von ihnen erstrebten Bundesstaat noch sehr weit entfernt. Denn in der Praxis haben wir es mit sehr komplizierten Mischformen von zugleich europäischer und nationaler Entscheidungsfindung zu tun. Aber – und ich halte das nicht für einen geringen Trost, sondern für einen großen Trost und für eine große Ermutigung – völlig unzufrieden mit dem, was wir erreicht haben, könnte doch eigentlich nur derjenige sein, der an dem uneingeschränkt souveränen Nationalstaat als dem letzten Maßstab politischen Denkens festhalten will.

».. . Europas Emanzipation besteht in der Überwindung des egoistischen Nationalismus.«

Ich möchte damit sagen: Europas Emanzipation besteht in der Überwindung des egoistischen Nationalismus. Der Europarat leistet, wie es in Artikel 1 seiner Satzung heißt, seinen Beitrag dazu – ich zitiere: durch den Schutz und die Förderung der gemeinsamen Ideale und Grundsätze der Mitgliedstaaten. Das könnte eine abstrakte Formel sein. Aber es ist eine konkrete Wirklichkeit.
Sicherlich ist auch in Zukunft noch ein weiter Weg zu gehen. Ich bin überzeugt, das, was uns verbindet, ist durchaus stark genug für diesen Weg. Die Überwindung des egoistischen Nationalismus ist eine Aufgabe, die in gewisser Weise als eine Rückkehr zu den Wurzeln der europäischen Geschichte aufgefaßt werden darf.

».. . es gibt kein Europa als Nationalstaat.«

Europa, so denke ich, muß sich im Bewußtsein seiner gemeinsamen Geschichte, im Bewußtsein auch seiner nationalen Verschiedenheiten, seiner regionalen Verschiedenheiten, im Bewußtsein allerdings auch seiner sehr weitgehend ähnlichen gesellschaftlichen Kultur als ein Modell für Pluralität verstehen, als ein Modell, wie unterschiedliche Menschen und Staaten auf an-

ständige Weise auf engem Raum zusammenleben können und wie sie auf anständige Weise das, was nötig
ist, auch gemeinsam politisch regeln. Ganz gewiß sind
wir sehr viel mehr als ein Zweckverein, als ein Kon-
sumverein, als eine Produktionsgemeinschaft, die sich
ideologisch überhöht. Ganz gewiß sind wir mehr. Gewiß gibt es kein Europa als Nationalstaat. Aber gewiß
gibt es Europa als politische Moral, als geschichtliche
Notwendigkeit.

Es gehört zu den Wirklichkeiten, daß Europa in zwei
politisch-gesellschaftliche Blöcke geteilt ist. Niemand
von uns kann diese Wirklichkeit, diese Tatsache ausklammern, auf welcher Seite auch immer er steht. Aber
es gehört zu unseren Aufgaben, dafür zu sorgen, daß
Europas Kontinuität nicht an den Grenzen dieser
Blöcke zu Ende ist. Auch in Prag und in Budapest und
in Warschau oder in Leningrad oder in Moskau woh-
nen Europäer. Sie gehören zur Geschichte Europas. Sie
brauchen den Frieden, so wie auch wir anderen alle
den Frieden brauchen im Westen und im Osten.

Das Humane und die Technik[*]

* Rede vor dem Deutschen Ingenieurtag, Augsburg, 10. Juni 1975

Es gehört heute fast zum guten Ton, die Annehmlichkeiten dessen zu genießen, was Techniker, Ingenieure und Erfinder geschaffen haben, sich zugleich aber über das ganze »Teufelswerk der Technik« zu mokieren und bisweilen sogar über den angeblich bevorstehenden Untergang unserer Zivilisation zu philosophieren. Daran ist allerdings auch Bedenkenswertes. Die Technik hat in diesem Jahrhundert eine in der Menschheitsgeschichte beispiellose Entwicklung genommen. Zugleich mit der Faszination für das technisch Mögliche und Erreichte müssen in der Tat auch Zweifel am Sinn dessen aufkommen, was unseren Wirtschaftsaufschwung ermöglicht, was unseren Lebensstandard auf ein nie dagewesenes Niveau erhöht hat. Schlimmstenfalls wird dann der Ingenieur eines »faustischen Paktes« verdächtigt, bei dem er seine Seele gegen technisches Know-how hergibt. Ich verspüre keine Lust, mich in diese Richtung zu profilieren. Weder hat mich das Endzeit-Syndrom befallen, von dem in den letzten Jahren geredet oder geschrieben wird, noch möchte ich andere in ihrem Kultur- oder Technik-Pessimismus bestätigen.

Im Gegenteil: Wer in dieser Phase raschen wirtschaftlichen und technischen Wandels sich den Blick für die Proportionen freihält, muß vielmehr feststellen, daß die Technik auch weiterhin die Voraussetzungen für die Existenzfähigkeit unserer Gesellschaft schaffen muß. Gleichwohl darf sie aus ihrer dienenden Funktion nicht in eine herrschende Funktion treten. Wir müssen immer wieder versuchen, die technisch, politisch, kulturell und menschlich gewollten Ziele miteinander in Einklang zu bringen.

Die Angehörigen der technischen Intelligenz müssen sich der daraus folgenden Verantwortung bewußt sein. Ich möchte hier für die Bundesregierung ausdrücklich anerkennen, daß der Verein Deutscher Ingenieure in seiner über 100jährigen Geschichte nicht nur seine berufsständischen Interessen vertreten, sondern auch immer den Dienst des Ingenieurs an der Gesellschaft gesehen hat. Er hat die gesellschaftliche Verantwortung des Ingenieurs frühzeitig verstanden.

Ich möchte in diesem Zusammenhang anerkennen, daß der VDI sich im Rahmen seiner Kommissionen »Reinhaltung der Luft« und »Lärmminderung« seit langem mit Umweltfragen befaßt und daß er durch die Aufstellung technischer Regeln gute Voraussetzungen für eine praktische Anwendung z. B. des Bundesemmissionsschutzgesetzes geschaffen hat. Dadurch hat er die Bundesregierung wesentlich entlastet.

Ebenso will ich eine Reihe aktueller und laufender Weiterbildungsprogramme dankbar erwähnen, mit denen der VDI für die interessierten Kreise unserer

Gesellschaft hervortritt. Ich würde mich weiter freuen, wenn der VDI sich auch in Zukunft als Institution eines aktiven Technologietransfers verstehen würde.

Mir ist gesagt worden, daß sich zum ersten Mal ein Bundeskanzler an einem Ingenieurtag beteiligt. Es erscheint mir an der Zeit, daß die Bundesregierung für alle diese Leistungen, die ich nur beispielhaft verdeutlicht habe, Ihrem Verbande ausdrücklich dankt. Die Bundesregierung wird ihre Kooperation mit dem VDI fortsetzen, und sie wird auch weiterhin eine Reihe von Aktivitäten finanziell fördern.

Heute steht unser Land vor neuen großen Herausforderungen. Wir müssen all unsere technische, aber auch unsere organisatorische Leistungsfähigkeit brauchen in einer Zeit, die durch tiefgreifende Veränderungen in den weltwirtschaftlichen Beziehungen charakterisiert ist.

In Anbetracht dieser großen Aufgaben kann niemand ernsthaft die These vertreten, wir sollten unser wichtigstes Kapital nicht nutzen, nämlich unsere wissenschaftlichen Kenntnisse und Erkenntnisse, unsere technologischen Erfahrungen, unseren Erfindungsreichtum. Wir können auf die Technik nicht verzichten.

Strukturwandel der Weltwirtschaft

In den letzten beiden Jahren hat sich ein tiefgreifender Strukturwandel der Weltwirtschaft sehr drastisch und abrupt vollzogen. Unsere eigene Situation hat sich dabei verändert. In den Ölländern werden zum Beispiel neue Verarbeitungskapazitäten aufgebaut, die Entwicklungsländer starten Exportoffensiven, und die Zahl der Teilnehmer am Welthandel nimmt zu. All das hat Folgen für die internationale Arbeitsteilung. An die Stelle des Tausches von Rohstoffen gegen Industriegüter tritt ein sehr viel komplizierterer Wettbewerb, bei dem derjenige in der besseren Position sein wird, dem Produktdifferenzierung gelingt, dem es gelingt, technologische Lücken aufzuspüren und auszufüllen, oder dem es gelingt, technisches Neuland erfolgreich zu erschließen.

Wir Deutsche müssen uns darüber klar sein, daß wir in besonderer Weise gezwungen sind, uns über diesen Prozeß Gedanken zu machen. Denn die deutsche Volkswirtschaft weist gegenüber vergleichbaren Industriegesellschaften zwei sehr ausgeprägte Merkmale auf: Die Bundesrepublik hat den größten Industrieanteil am Bruttosozialprodukt, und zum anderen ist die deutsche Volkswirtschaft zu einem Viertel exportorientiert.

Diese beiden spezifischen Charakteristika haben in der Vergangenheit für uns alle ihre Früchte getragen. Eine expandierende Industrieproduktion hat unser Sozialprodukt und damit auch den Lebensstandard für den einzelnen kontinuierlich wachsen lassen und eine hohe Beschäftigung ermöglicht. Die hohe Auslandsnachfrage hat die Nachfrage auf dem Inlandsmarkt ergänzt, seine Schwächen zum Teil ausgeglichen und zugleich beachtliche, aus heutiger Sicht allerdings durchaus zu hohe Devisenreserven erwirtschaftet.

Die Ausfuhrerfolge wurden zum großen Teil mit Hilfe von technikintensiven Gütern und Anlagen erzielt; der mehrfache und erhebliche Anstieg des Wechselkurses der Deutschen Mark, den wir in den letzten sechs, sieben Jahren erlebt haben, hat dabei nicht geschadet. Technologieintensive Güter, die sich auf einem hohen Stand technischen Wissens befinden, sind weitgehend preisunelastisch, weil auf sie nicht verzichtet werden kann und weil sie schwer substituierbar sind. Dahinter steht der Wissenschaftler, der Ingenieur, der Facharbeiter, der Kaufmann, der Organisator, der Unternehmensleiter. Wir wären von allen guten Geistern verlassen, wenn wir an diesem Team, das in vielen einzelnen Betrieben und Unternehmen und insgesamt in unserer Gesellschaft diese Gesamtleistung erbracht hat, wenn wir an diesem »Made in Germany« kratzen lassen wollten.

Wir müssen uns überlegen, ob wir uns nicht prinzipiell und auf lange Sicht lieber ein bißchen weniger Export und lieber ein bißchen mehr inländische Verwendung unserer Produkte wünschen sollten. Vielleicht wäre das besser, als fremder Leute Devisen anzuhäufen und sie dann doch wieder ins Ausland zu verleihen.

Wir müssen überlegen, ob nicht in der Tat eine relative Steigerung unserer Importe aus vielerlei Gründen – zum Beispiel bei der gegenwärtigen internationalen Wirtschaftslage zur Stützung der Weltkonjunktur – erforderlich ist. Aber an der grundsätzlichen Einstellung unserer Gesellschaft und unserer Wirtschaft, an unserem Selbstverständnis von Technik und Leistung, sollte nichts grundlegend verändert werden. Die Bundesrepublik muß technisch an der Spitze bleiben, damit sie beim Wohlstand nicht ans Ende gerät.

Natürlich bedeuten hohe Exporte auch hohe Exportabhängigkeit. Deshalb konnten Auswirkungen der gegenwärtigen weltweiten Rezession auf unsere Volkswirtschaft nicht ausbleiben. In enger Zusammenarbeit mit unseren Partnern und Freunden tun wir alles, was möglich ist, damit es nach diesem drastischen weltweiten Konjunkturabschwung im Winterhalbjahr 1974/ 1975 zu einem einheitlichen wirtschaftlichen Aufwärtstrend kommt. Allerdings wird die Intensität des Aufschwungs bei uns von der diesmal gleichzeitigen Rezession in den übrigen Staaten der Welt sehr beeinträchtigt sein. Ich sagte »diesmal«, aber ich sehe voraus, daß in Zukunft die Konjunkturzyklen auf der Welt immer gleichzeitig verlaufen werden. Das Zeitalter, in dem sie sich von Kontinent zu Kontinent gegenseitig ausbalancierten, scheint mir vorbei zu sein.

Diesen synchronen Verlauf haben übrigens zum Teil

auch die Techniker durch die Möglichkeiten der modernen Nachrichtenübermittlung und des modernen Güterverkehrs herbeigeführt. Aber wenn alle übrigen Regierungen in die gleiche Richtung ziehen, haben wir jetzt begründete Aussicht, daß der Mangel an Auslandsnachfrage bald kein Hemmnis mehr für eine Konjunkturwende in der Bundesrepublik ist.

Diese kurzfristige positive Perspektive darf allerdings niemanden darüber hinwegtäuschen, daß der eingeleitete Strukturwandel der Weltwirtschaft für unsere Volkswirtschaft im Innen- wie im Außenverhältnis vorausgreifende Anpassung verlangt. Wir müssen dabei davon ausgehen, daß auch in einer sich wiederbelebenden Weltwirtschaft manche traditionellen Märkte für manche Standardgüter, auf deren Produktion sich unsere bisherigen Wachstumsindustrien spezialisiert hatten, möglicherweise sehr weitgehend gesättigt sein werden. Deswegen sagte ich »vorausgreifende« Anpassung.

Wo in diesem internationalen Wettbewerb, der nicht nur nach rein ökonomischen, rein betriebswirtschaftlichen oder kaufmännischen Kategorien, sondern auch durch die Einbringung politischer Mittel sehr hart geworden ist, überdurchschnittliche Kostensteigerungen etwa mit unterdurchschnittlichen Produktivitätsfortschritten zusammentreffen, da kann es erhebliche Sorgen im Bereich unserer eigenen Industrie geben. Die Konsequenz ist dann Spezialisierung auf technisch hochqualifizierte Produktion. Das heißt, daß wir uns künftig noch mehr auf know-howintensive Techniken und Produktionen stützen müssen, wenn wir international Schritt halten wollen.

Die Zukunft erschließen

Längerfristig wird es darauf ankommen, daß wir auf der Grundlage neuen technischen Wissens industrielles Neuland erschließen. Basisinnovationen, die ganz neue Wege gehen – im Unterschied zu Verbesserungsinnovationen, die den technischen Fortschritt am bekannten Produkt vollziehen –, sind ihrer Natur nach sehr stark risikobehaftet und versprechen nicht unbedingt einen schnellen Ertrag. In erster Linie haben jedoch diese Basisinnovationen die entscheidenden Durchbrüche ausgelöst.

Nun wäre es gewiß verfehlt, nur auf das umwälzend Neue, auf das Wunder spektakulärer Durchbrüche zu warten. Die ganze Wirtschaft steht unter einem technologischen Imperativ. Wir werden, wie bisher, auf breiter Front überall schrittweise vorgehen müssen, um damit den Lebensstandard aller Industriebranchen und aller Dienstleistungsbereiche, die ich besonders erwähnen möchte, zu verbessern. Von einigen Spitzentechnologien allein werden wir nicht leben können, ganz abgesehen davon, daß die Spitzentechnologien zunächst einmal der Volkswirtschaft mehr Kosten als Nutzen bringen.

Vielmehr braucht unsere Volkswirtschaft zur Erhaltung der Arbeitsplätze und des Wohlstandes eine breite Produktionsbasis, die sich ständig technisch modernisiert. Dieser ständige Modernisierungsprozeß, der sich in einer Vielzahl von Verbesserungsinnovationen ausdrückt, braucht den Ingenieur, ob er nun im Großbetrieb oder im eigenen kleinen Unternehmen steht. Die Gesellschaft braucht den Ingenieur.

Wir brauchen ihn auch, damit mehr als bisher qualitative Elemente wirksam werden:

- Arbeitskräfte- und materialsparende Produktionsverfahren,
- Produkte mit mehr Sicherheit und Qualitätsnutzung,
- umweltfreundlichere und energiesparende Produktionsprozesse,
- vor allem auch humane Produktionstechniken, die zu menschengerechter Gestaltung der Arbeitsplätze führen oder diese zulassen und die den arbeitenden Menschen entlasten,
- Verbesserung unserer Infrastruktur. Sie beschäftigen sich auf diesem Kongreß insbesondere mit dem Transport- und Verkehrswesen; ebensogut könnte man den Entsorgungsbereich hervorheben.

Zu alledem brauchen wir sicher eine bessere Zusammenarbeit von Wissenschaft, Wirtschaft und Staat. Einen kontinuierlicheren Austausch von Informationen zwischen Forschern, Ingenieuren und Unternehmern einerseits und öffentlicher Meinung und Politikern andererseits. Wir brauchen einen selbstverständlichen Dialog, keine Abkapselung – die gibt es auch – der Ingenieure und Techniker! Wir brauchen den Dialog z. B. über die Grenzen der Technologie, über die Chancen ihrer Nutzung ebenso wie über die Abschätzung eventueller negativer Folgen oder Gefährdungen.

Gemeinsame Verantwortung

Ich kann mir durchaus vorstellen, ich muß mir auch wünschen, daß der Sachverstand des Ingenieurs stärker als bisher zur Willensbildung herangezogen wird. Professor Dettmering hat vorhin Brecht zitiert: »Wehe denen, die nicht geforscht haben und doch reden.« Wir Politiker gehören wohl zu denen, die nicht geforscht haben und doch reden. Es bleibt uns ja auch gar nichts anderes übrig. Sie werden aber zustimmen, daß man Zitate nicht verabsolutieren soll, und Herr Professor Dettmering wollte sicherlich nicht im Vorwege eine Diminutio Capitis gegenüber den nachfolgenden beiden Rednern andeuten. In meinem Hinweis darauf, daß wir Politiker nicht geforscht haben – jedenfalls nicht auf Ihren technischen Gebieten – und doch darüber reden, liegt zugleich eine Aufforderung, daß Sie mitreden müssen, auch wo Sie nicht geforscht haben. Ohne das positive Wirken des VDI zu verkennen, müssen wir doch feststellen, daß es eine deutliche Kluft zwischen der technischen und der politischen Welt gibt. Das liegt nicht nur an den Politikern, das liegt auch an den Technikern. Letztlich liegt in einer demokratischen Gesellschaft jeder so, wie er sich gebettet hat; und wer den Mund nicht aufmacht, der wird auch nicht gehört. Sie können nicht warten, bis Sie gefragt werden. Bisweilen gibt es Situationen, wo man seinen Rat aufdrängen muß. Dazu möchte ich Sie ausdrücklich ermuntern.

Diese Kluft – vielleicht ist das Wort Kluft etwas zu scharf –, diese Distanz gibt es nun nicht nur in der großen Politik, sondern sie fängt schon in den Betrieben an, wo eine verstärkte Mobilisierung des technischen Sachverstandes ja nicht zuletzt eines der Ziele der Mitbestimmung durch Arbeiter und Angestellte ist.

Ich möchte zur Illustration dessen, was ich meine, das Gebiet des Umweltschutzes herausgreifen. Hier hat sich gezeigt, daß es für Regierung und Parlament – das gilt nicht nur für den Bundestag und die Landtage, sondern auch für die Parlamente der Gemeinden, die sich noch näher am Volk befinden – schwierig ist, die Wechselwirkungen zwischen den Möglichkeiten der Technik, der Kostenbelastbarkeit der Wirtschaft und der Zweckmäßigkeit einengender Vorschriften ausreichend einzuschätzen.

Auch die in der letzten Zeit hitzige öffentliche Diskussion um die Risiken eines Kernkraftwerkes ist nur ein

Beispiel dafür, daß technische Entwicklungen sowohl in den Entscheidungsgremien als auch in der Öffentlichkeit intensiver und überzeugender behandelt und dargestellt werden müssen; und zwar im Gespräch. Das heißt, daß man auch hören muß, was der andere sagt, daß ihm Gelegenheit zum Fragen gegeben wird und daß seine Fragen auch beantwortet werden. Möglicherweise stellt sich dann heraus, daß man selber auch noch einige Fragen stellen und Antworten haben möchte.

Beispiel Umweltschutz

Der ganzen Gesellschaft wäre besser gedient, wenn wir beim Umweltschutz etwas schärfer zwischen vorgefaßten Meinungen – um nicht Ideologie zu sagen – und der Notwendigkeit zu unterscheiden lernten. Ich möchte nicht mißverstanden werden. Ich gehöre zu denen, die Umweltschutz als eine gesellschaftliche Aufgabe von hohem Rang verstehen und dieser Aufgabe dienen wollen. Die Bundesregierung dokumentiert diese Dienstbereitschaft nicht nur durch die Schaffung der gesetzlichen Voraussetzungen für einen wirksamen Umweltschutz, sondern auch dadurch, daß sie in diesem wichtigen Bereich Forschung und Technologie sehr nachhaltig mit Geld fördert. Dies ist allerdings einer der Bereiche, in dem man besonders aufpassen und sich besonders davor hüten muß, sein Heil allein

in gesetzlichen Regelungen zu suchen – minutiös und
peinlich und übertrieben, wie alles werden kann, was
der deutsche Perfektionismus in der Gestalt des Ge-
setzgebers in seine Finger nimmt.

Was wir brauchen, ist eine Technik, die Umweltschäden vermeidet und die sich fortgesetzt um umweltge-
rechte Lösungen bemüht. Zum anderen brauchen wir
eine vorurteilsfreie, eine wissenschaftlich abgesi-
cherte, eine technisch saubere Beseitigung von Umweltschäden, wo sie schon entstanden sind.

Wir brauchen keine Angstmacherei. Wir sind erwachsen genug, uns auch ohne Angstmacherei den wirklichen Notwendigkeiten zu stellen. Angstmacherei
kann den Blick für die notwendigen Lösungen verstel-
len. In all diesen Fällen sind Sie – Techniker und
Ingenieure im weitesten Sinne, Chemiker, Physiker
und so weiter – aufgefordert. Sie hauptsächlich müssen rechtzeitig aufpassen und rechtzeitig auf mögliche
künftige Risiken hinweisen. Wie soll der Politiker erkennen, ob da irgendwo ein technisches Risiko besteht? Sie müssen das den Politikern sagen. Sie müssen
uns ansprechen, wenn Sie zukünftige Risiken oder
riskante Begleiterscheinungen einer Technologie zu
entdecken meinen. Auf der anderen Seite müssen Sie
die technische Entwicklung für die Nicht-Fachleute
verständlich machen, um sie in die Lage zu versetzen,
sich ein Urteil zu bilden. Denn letztlich treffen Sie die
Entscheidungen über die Technik nicht allein, sondern
viele andere Personen wirken daran mit.

Um noch bei der Kernenergie zu bleiben: Sie trifft nicht zuletzt deshalb immer wieder auf Gegnerschaft, weil diejenigen, die damit technisch und wissenschaftlich befaßt sind, bei aller Anstrengung bisher nicht vermocht haben, sich ausreichend verständlich zu machen. Wenigstens ist es ihnen nicht gelungen, sich an allen Orten gleichmäßig verständlich zu machen. Es ist schwer zu verstehen, warum die Bürger von Biblis und Gundremmingen die Kernenergie akzeptieren, die Bürger von Wyhl aber nicht. Da muß ja irgend etwas nicht ganz richtig gelaufen sein, oder wir haben in den beiden ersten Fällen nur Glück gehabt. Das glaube ich aber nicht.

Wir müssen uns fragen, ob die Technik, die Parlamente und die Regierungen genügend einsichtig gemacht haben, daß wir ohne Kernenergie gar nicht fortexistieren können, daß die Kernenergie im Grunde die umweltfreundlichste Energie ist und daß es bei uns eine sehr strenge Sicherheitsphilosophie auf diesem Gebiet gibt, die vielleicht weitergeht, als in vielen anderen Staaten für nötig gehalten wird.

Gerade der VDI ist im besonderen Maße berufen, als ein Forum für die notwendige gegenseitige Vermittlung zwischen Technik und Bürgerbewußtsein zu dienen. Wir brauchen den technisch informierten Politiker, den Techniker in der Politik und auch in den Verwaltungen.

Kürzlich habe ich gelesen, daß Professor Balke gesagt hat: »Nach einem über 50jährigen Berufsleben habe ich leider immer noch den Eindruck, daß der Ingenieur aller Grade und der Techniker immer noch in seiner Hebel- und Schraubenwelt für sich allein ist. Daraus resultiert die relative Bedeutungslosigkeit des ganzen Berufsstandes.« Ich denke, da hat Siegfried Balke sich und seinen ganzen Stand unterschätzt. Aber um bei seinen Worten zu bleiben: Sie sollten sich in der Tat herausgefordert fühlen, auch an politischen Hebeln und Schrauben mitzudrehen. Sie werden dann übrigens auch merken – um mich an dieser Stelle vor leichtfertigem Beifall zu bewahren –, daß das Drehen an politischen Schrauben auch Sachverstand erfordert. Ich denke, Sie drehen in der Tat an wichtigen Entscheidungen mit, wenn Sie sich auf diesem Ingenieurtag mit der Zukunft der Verkehrs- und Transporttechnik beschäftigen. Dieses Thema ist – zumindest was den öffentlichen Personen-Nahverkehr angeht – ein immergrünes Thema für die öffentliche Meinung, für die Kommunen, für die Regierungen und für die Parlamente auf allen Ebenen. Praktisch ist es ein Dauerbrenner, und für die Finanzminister und die Stadtkämmerer ist es ein Alptraum. Man muß hier aufpassen, daß man nicht etwas technisch scheinbar Perfektes macht, das finanzwirtschaftlich hinterher ins Chaos führt. Hier spielen nicht nur technische, sondern auch andere, vor allem finanzwirtschaftliche Erwägungen zusammen. Das fachübergreifende gemeinsame Erarbeiten der Lösungen solcher Probleme ist das, was man sich wünschen möchte.

Das Humane und die Technik

Ich möchte dem Ingenieurtag 1975 einen Wunsch mit auf den Weg geben. Es sollte dem VDI und es sollte den Ingenieuren gelingen, im öffentlichen Bewußtsein das hier und da verzerrte Bild von der angeblich unmenschlichen Technik abzuschwächen, wenn nicht gar zu widerlegen. Es sollte ihnen gelingen, die Technik als das erscheinen zu lassen, was sie immer war, nämlich ein noch niemals ausgeschöpftes Potential, Probleme zu lösen und Lebensbedingungen zu verbessern. Wenn ich das richtig sehe, gibt es keine kritische Grenze der Technik. Es gibt ein weithin offenes Land, es gibt deshalb auch kein »Ende des Wachstums«, wie uns der Club of Rome glauben machen wollte. Sicherlich hat er unser Bewußtsein für vielerlei Problemstellungen geschärft, und das ist ein großes Verdienst. Aber ein Ende des Wachstums gäbe es nur dann, wenn die Technik aufhörte, sich fortzuentwickeln. Hier haben intelligente Forscher, auf ihr Fachgebiet konzentriert, einen ganz wichtigen Teilaspekt menschlichen und gesellschaftlichen Lebens übersehen, nämlich den technischen Fortschritt. Sie konnten sich diesen Fortschritt bei ihren Zukunftsmodellen nicht richtig vorstellen.

Der technische Fortschritt bringt aber nicht nur höhere Ausnutzungs- und Wirksamkeitsgrade mit sich, sondern er ermöglicht damit den künftigen Zuwachs unseres Lebensstandards. Dabei ist es nicht zwangsläufig, daß Umweltschäden unvermeidliche Folgen der Technik bleiben. Die Technik kann Umweltschäden vermeiden, sie kann sogar eingetretene Schäden wiedergutmachen.

Es ist auch nicht zwangsläufig, daß industrielle Arbeitsplätze mit psychischen Gefahren und physischen Belastungen für die Arbeitnehmer verbunden sein müssen. Die Technik kann, sie muß menschengerechtere Arbeitsplätze ermöglichen.

Es ist ebenso nicht zwangsläufig, daß unsere gegenwärtige Lebensweise mit wachsenden Zivilisationsschäden und Gesundheitsstörungen verbunden ist oder daß unsere Städte ihre Wohnlichkeit und Lebendigkeit verlieren müßten.

Wenn man genug nachdenkt, ist das alles vermeidbar. Wenn man gemeinsam – nicht nur der Ingenieur – über diese Probleme nachdenkt, dann werden auch Orwell, Maedows und Forrester nicht recht bekommen. Es kommt darauf an, das Humanum und die Technik zur Gemeinsamkeit, zur Synthese zu führen. Da haben Sie ein wichtiges Teil mitzutragen, meine Damen und Herren, Sie haben ein ganz wichtiges Teil in Ihrer Hand, und ich hoffe sehr, daß Sie sich dessen bewußt sind.

BUCH UND DEMOKRATIE[*]

[*] Zum »Tag des Buches« am 10. Mai 1981 warnte der damalige Bundeskanzler Helmut Schmidt in der Deutschen Lesegesellschaft e. V. in Mainz vor dem Verfall der Lesekultur und den Folgen für die Demokratie.

In der Geschichte des Deutschen Volkes und unseres »schwierigen Vaterlandes« gibt es Stationen, auf die wir mit Stolz zurückblicken. Und es gibt Stationen, die für uns Anlaß zum Bedauern sind, und solche, die Grund sind zur Beschämung.

Vor zweihundert Jahren hat Immanuel Kant seine Schrift »Zur Kritik der reinen Vernunft« vorgelegt.

Kant hat die Menschen darin aufgerufen, sich kraft ihrer Vernunft aus ihrer selbstverschuldeten Unmündigkeit zu lösen. Kant hat Millionen von Menschen einen Dienst erwiesen – auch solchen, die seine Bücher nie in der Hand gehabt haben. Er hat der Demokratie im Vorwege einen Dienst erwiesen – weil Demokratie ohne vernünftige, mündige Bürger nicht möglich ist.

Wir Deutsche dürfen, wenn wir von Büchern reden, auch stolz sein auf Martin Luther, auf Lessing, auf Goethe, Schiller, auf die ganze lange Reihe – wie man bei uns wohl sagt – von Dichtern und Denkern, bis in unsere Gegenwart. Sie alle haben unser Denken mitgeformt. Und sie haben zu dem Bild, das sich die Welt von den Deutschen macht, Wichtiges und Positives beigetragen.

Heinrich Böll schrieb mir, nach seinen Erfahrungen,

auch als ehemaliger Präsident des PEN, beruhe der internationale Ruf unseres Landes zu einem großen Teil auf dem Ansehen unserer Literatur. Das werde gewöhnlich unterschätzt. Ich denke, das gilt nicht nur gegenüber der westlichen Welt. Böll selbst hat beispielsweise große Wirkung in der Sowjetunion entfaltet. Unsere Klassiker stehen in vielen Ländern der Erde in hohem Ansehen.

Das gilt, wenn wir an die zeitgenössische Literatur denken, keineswegs nur für Autoren aus der Bundesrepublik Deutschland. Es gilt auch für Autoren aus der Deutschen Demokratischen Republik. Was sie schreiben, trägt wesentlich zum Bild von Deutschland in der Welt bei.

Ich spreche also von deutscher und deutschsprachiger Literatur der Gegenwart: weil deutsche Literatur über politische Grenzen geht, auch über verdrahtete, betonierte und verminte Grenzen. Weil diese Literatur Widersprüche aufgreift, Widersprüche austrägt, auch Widersprüche aufhebt; und weil diese Literatur – von der deutschen Sprache her, von der deutschen Sache her – der Nation verpflichtet bleibt. Gegenüber dieser Verpflichtung hat, denke ich, in den letzten Jahrzehnten die vielberufene Polarisierung von Geist und Macht bei uns etwas an Schärfe verloren.

Wenn wir zurückschauen in unserer Geschichte und auf jene Stationen, an denen sich Politik und Literatur eng berührt haben, haben wir aber auch vielfach Anlaß zum Bedauern, zur Scham.

Der 10. Mai ist so ein Anlaß. Am 10. Mai 1933 wurden in Deutschland Bücher verbrannt: systematisch und fanatisch – um das sogenannte »undeutsche Schrifttum« auszubrennen.

Es war nicht das erste Mal, daß in einem Land Schwarze Listen für Bücher angelegt wurden. Kaum ein Werk der Weltliteratur, das nicht irgendwann einmal auf einer Schwarzen Liste gestanden hätte.

Es war auch nicht das erste Mal, daß Bücher verbrannt wurden. Aber die Gründlichkeit, die Brutalität und die dumpfe Wildheit, mit der hier in Deutschland zu Werke gegangen wurde – das ist tief erschreckend.

Im April erschienen in den gleichgeschalteten Zeitungen lange Listen von Autoren und Büchern, die ausgeschaltet werden sollten: von Bebel und Bernstein bis Zuckmayer, mit Namen wie Werner Bergengruen und Bert Brecht, Alfred Döblin und Hermann Hesse, Erich Maria Remarque, Arthur Schnitzler, um nur einige zu nennen. Menschen ganz unterschiedlicher Prägung. Schriftsteller mit ganz unterschiedlichen Ansichten und Aussagen. Sie alle paßten nicht unter die neue Norm der Engstirnigkeit, auch Heinrich Heine nicht, auch Kafka nicht, als dann die Schwarzen Listen verlängert wurden, um nach den Lebenden auch die Toten zu verdammen.

»Der 10. Mai 1933«, so schrieb Karl Dietrich Bracher, »war das erste große Datum in der Geschichte der Gleichschaltung und Zerstörung der Literatur... Der

10. Mai 1933 gehört in dieselbe Reihe wie Reichstags-
brand und Judenboykott.«

Heinrich Heine hat es vorausgesagt: »Dort, wo man
Bücher verbrennt, verbrennt man am Ende auch Menschen.«

Aus den damaligen Zeitungsberichten über die Bü-
cherverbrennungen lesen wir das gleiche – in Berlin
und in Bonn, in Frankfurt und in Köln, in Göttingen, in
Würzburg, vielerorts im Reich: überall Fanatismus,
Fahnen, Fackeln, Flammen. Massenversammlungen,
Studenten und Professoren. Marschmusik, Scheiter-
haufen. 20 000 Bücher wurden an diesem Tag allein in
Berlin verbrannt.

Zwei Tage später schrieb das »Neuköllner Tageblatt«:
»Während der Verbrennung der Bücher spielten SA-
und SS-Kapellen vaterländische Weisen und Marsch-
lieder, bis neun Vertreter der Studentenschaft, denen
die Werke nach einzelnen Gebieten zugeteilt waren,
mit markanten Worten die Bücher des undeutschen
Geistes dem Feuer übergaben.«

Dann traten die neun Rufer auf mit ihren Sprüchen:
Gegen Klassenkampf und Materialismus, für Volksgemeinschaft und idealistische Lebenshaltung. Gegen
Dekadenz und moralischen Verfall, für Zucht und Sitte
in Familie und Staat. Sie warfen Marx und Kautsky in
die Flammen, Heinrich Mann, Glaeser, Freud und Kerr
und viele andere. Auch Tucholsky ging ins Exil, aber er
konnte nicht länger leben. Ossietzky kam ins Konzentrationslager. Er erhielt 1936 den Friedensnobelpreis –

eine Tat des Widerstandes, eine Demütigung für die anderen. Dennoch wurde er umgebracht.

Ich begrüße es, daß die Geschichte unserer Exilliteratur jetzt in vielfältiger Weise aufgearbeitet wird. Willy Brandt hat – auch aus persönlicher Erfahrung – Wesentliches über die Literatur des Exils gesagt, über bemerkenswerte Einzelleistungen, über den nachwirkenden Gesamteinfluß. Ich will nicht versuchen, das Schicksal der Menschen nachzuzeichnen, deren Bücher verbrannt wurden; der Menschen, die verfolgt wurden, ausgewiesen, ausgebürgert, ins Exil zerstreut.

Ich möchte, rückschauend auf den nationalsozialistischen Büchermord vor einem halben Jahrhundert, eine Warnung an die Zukunft aussprechen – nicht als Alarmruf, eher als Mahnung mit der Bitte um Gehör, auch um öffentliches Gehör:

Ich warne vor der Gefahr eines neuen Analphabetismus, der die geschriebenen Wörter geringschätzt und der viele Menschen in eine neue, selbstverschuldete Unmündigkeit hineinlullen könnte.

Es ist wahr, wir Deutsche haben aus unseren schrecklichen Erfahrungen gelernt. Unsere Demokratie ist gefestigt. Trotzdem: Es gibt auch in unserem Lande Extremismus, der zur Gewaltausübung innerlich bereit ist, sofern die Umstände günstig sind – und zwar von links wie von rechts.

Die geistige und sittliche Auseinandersetzung mit Gewalttätigkeit gehört auch in die Schulen, in die politische Bildungsarbeit, auch in die Kirchen. Wir brauchen eine breite und offene Diskussion über die Gefahren des gewalttätigen Extremismus – sei er intelligent begründet, sei er unreflektiert den Trieben der Aggression entsprungen.

Die überwältigende Mehrheit der Deutschen lehnt heutzutage Führerkult, Antisemitismus, Verehrung der Naziherrschaft, Militarismus ab – die Jüngeren noch stärker als die Älteren. Die große Mehrheit befürwortet unsere parlamentarische Demokratie. Die braune Ideologie hätte heute nur sehr geringe Chancen. Aber ein Rückfall in allgemeine Geistlosigkeit und Ignoranz ist damit noch keineswegs ausgeschlossen.

Zur Gefahr eines neuen Analphabetismus hier ein paar unfertige Gedanken. Diese Gefahr ist noch nicht klar zu beschreiben, aber sie beschäftigt und sie bedrückt mich.

Ich sage zunächst, was ich nicht meine; zumindest nicht zentral meine:

Ich denke nicht daran, mich einem allgemeinen Kulturpessimismus oder einem allgemeinen Literaturpessimismus anzuschließen, wie er vor zehn Jahren im »Kursbuch« zur Mitteilung vom Tod der Literatur geführt hat. Ich will mich dem auch dann nicht anschließen, wenn ich lese, daß Germanistikstudenten aus ihrer Schulzeit von der Literatur des 18. und 19. Jahrhunderts nichts mitbrächten als »Werther« und »Maria Stuart«, von der Literatur des 20. Jahrhunderts nichts als Kostpröbchen von Brecht und Böll.

Ich habe auch nicht die Absicht, dem Buch meine Reverenz durch Schelte der elektronischen Medien zu erweisen.

Vielmehr: Angesichts des Atavismus, der vor einem halben Jahrhundert zum Ausbruch kam, als bei uns die Bücher brannten, angesichts der Berichte, aus denen ich zitiert habe, frage ich mich, ob es damals allein gegen ein sogenanntes »undeutsches Schrifttum« ging. Oder ob es etwa zum Teil auch ganz allgemein gegen Literatur ging? Ganz allgemein gegen das geschriebene Wort? Und war dies vielleicht nur deshalb möglich, weil zu wenige ein persönliches, positives Verhältnis zur Literatur hatten, das als Gegengewicht hätte wirken können? Oder das Gift der Literatur-Verachtung hätte neutralisieren können?

Manche von uns, die damals heranwuchsen, hatten Glück: Ich hatte zum Beispiel in den Jahren 1933, 1934, 1935 und 1936 – damals waren wir vierzehn, fünfzehn, sechzehn, siebzehn – eine Lehrerin, die abends in ihrer Wohnung mit uns las. Es war sozusagen eine private Lesegesellschaft sehr junger Menschen unter ihrer Leitung. Die gleichzeitige Beeinflussung durch die Hitlerjugend konnte letztlich unsere Empfindungen, unsere Aufnahmebereitschaft nicht entscheidend auf den geistlos-primitiv-grobschlächtigen Blut-und-Boden-Mythos einengen, der damals im Schwange war, weil diese Lehrerin und einige ihrer Kollegen dem entgegenstanden und weil durch sie die Literatur und übrigens auch die Kunst dem entgegenstanden.

So weiß ich also seit meiner frühen Jugendzeit, daß Literatur und Lesen Bildung ist – und habe es seither beherzigt, auch wenn es heute dafür nachts nur noch eine halbe Stunde gibt.

Wer politisch handeln soll, muß auch lesen. Und nicht darf das Handeln, nicht darf die politische Tat sich in einer anderen Welt, in einer wortlosen Welt vollziehen.

Im »Faust«, im »Vorspiel auf dem Theater«, heißt es, als der Direktor mahnt, daß die Aufführung nun beginnen müsse:

> »Der Worte sind genug gewechselt,
> laßt mich auch endlich Taten sehn!«

Diese beiden Goethe-Zeilen werden bei uns verräterisch oft gebraucht. Und später dann, gewichtiger, nach dem Osterspaziergang, als Doktor Faust das Neue Testament ins Deutsche übertragen möchte, stockt er schon an der ersten Zeile:

> »Im Anfang war das Wort.«
> »Ich kann«, sagt Faust,
> »das Wort so hoch unmöglich schätzen,
> ich muß es anders übersetzen.«

Der Sinn? Die Kraft? Ihm hilft der Geist – auf einmal sieht er Rat und schreibt getrost:

> »Im Anfang war die Tat!«

Ich will nichts über das Spannungsverhältnis zwischen Wort und Tat sagen. Ich weiß wohl, daß das Wort allein nicht die Demokratie, besser gesagt: den demokratischen Prozeß stützen und vorwärtsbewegen kann. In unserer gegenwärtigen wirtschaftlichen Situation zum Beispiel gibt es vieles zu tun, wenn die Hauptbücher unserer Wirtschaft und unseres Handels, vor allem aber die Beschäftigung wieder in Ordnung kommen sollen, das heißt: wenn der Strukturwandel unserer Wirtschaft gelingen soll. Große Worte helfen da nicht weiter. Und doch: Ohne das Nachdenken, ohne das Nachlesen dessen, was andere vorher geschrieben haben, ist Demokratie nicht zu erhalten.

So will ich mir meine Gedanken machen: Warum Schreiben und Lesen einerseits und Tun und Lassen andererseits oftmals auseinanderklaffen. Oder scheint dies im Fernsehzeitalter bloß so? Und wenn der Anschein der Bildschirm-Gesellschaft nicht ganz falsch sein sollte: Ob dies nicht auch das Miteinander der Generationen zusätzlich belastet? Jener Generationen, die nach dem Krieg ohne viele Worte tätig an den Aufbau gegangen sind, und jener, die untereinander und in einer sich schnell verändernden Welt intensiv nach Mitteilung suchen oder – wie man heute sagt – nach Kommunikation suchen, auch nach neuen Kommunikationsformen?

Wir dürfen nicht meinen, weil wir uns das »Volk der Dichter und Denker« nennen, seien wir immun gegen neuen Analphabetismus. Im Gegenteil: Weil mancher von uns meint, wir Deutschen seien doch seit Generationen literarisch und philosophisch ganz besonders auf der Höhe, sind wir durch den Bazillus einer neuen, analphabetischen Unmündigkeit und einer geistigen Selbstentfremdung gefährdet.

Wir haben erlebt, wie aus dem »Volk der Dichter und Denker« ein »Volk der Richter und Henker« wurde. Karl Kraus, der dieses Wort prägte, war einer der »Verbrannten« vom Mai 1933.

Wir wollen nicht erleben, wir dürfen nicht zulassen, daß wir zu einem »Volk von Saturierten und Manipulierten« werden.

Das Recht auf den Gebrauch des eigenen Verstandes, das Recht auf Ausgang aus der Unmündigkeit, wie es Kant proklamiert hat – ist nicht nur Anspruch, sondern auch Gebot! Es ist dies keine leichte Pflicht für den Demokraten; denn mancher sehnt sich danach, es sich in der Unmündigkeit bequem zu machen.

In diesem Zusammenhang nun doch ein Wort zum Buch und zum Fernsehen.

Vorab aber eine Klarstellung, damit es kein Mißverständnis gibt: Ich bin nicht der Mann, der den Ausschaltknopf am Fernsehgerät erfunden hat. Das hat die Geräteindustrie ganz allein geschafft. Ich bin auch keineswegs ein Fernseh-Muffel. Wenn ich dennoch empfehle, den Fernseher weniger oft einzuschalten, als es in manchen Familien üblich ist, dann will das mehr sein als eine Anregung zum selbstbewußten Umgang mit der Technik; es will ein Anstoß sein zum

Gespräch in der Familie und mit Freunden, auch zum Spielen, auch zum Lesen.

Ich bin mir der großen Möglichkeiten des Fernsehens sehr bewußt. Eben aus diesem Bewußtsein erwächst meine Sorge – im Sinne von Vorsorge; eben deshalb spreche ich für eine verantwortungsbewußte Gestaltung des Fernsehens. Und zwar sowohl für die relativ wenigen Macher des Programms als auch für die vielen Zuschauer. Meine Sorge gilt der Überflutung mit einer Fülle von scheinbar authentischen Informationen, die im Ergebnis zu Desinformation, zur Orientierungslosigkeit führen können.

An die Stelle der persönlichen, unmittelbaren Erfahrung ist für viele Menschen in vielen Lebensbereichen die mittelbare, die von den Massenmedien vermittelte Erfahrung von Wirklichkeit getreten: durch das gedruckte Wort in Schriften und Büchern, durch das gesprochene Wort im Hörfunk, vor allem aber durch das audiovisuelle Erlebnis des Fernsehens.

Gegenüber dem geschriebenen und gedruckten Wort bewahren wir kritische Distanz, weil wir jeden gelesenen Satz verstehen, das heißt verarbeiten müssen. Was wir hingegen sehen, geht unmittelbar ein. Es wirkt glaubwürdiger. Es fehlt oft die kritische Distanz, weil man leicht vergißt, daß das Fernsehen nur herausgeschnittene Teile und Aspekte der Wirklichkeit vermitteln kann, wie verantwortungsvoll auch immer die Fernsehjournalisten und die Fernsehanstalten sich bemühen mögen.

Es gibt kein Patentrezept zur Überbrückung der Kluft zwischen der sehr komplexen Wirklichkeit des Lebens – und der einfachen Wirklichkeit auf dem Bildschirm. Aber vielleicht können wir uns auf zwei Prinzipien verständigen. Erstens: Wer Fernsehen sieht, muß kritisch bleiben. Und zweitens: Wer Fernsehen macht, muß sich seiner besonderen Verantwortung bewußt sein.

Heute sitzt der Bundesbürger durchschnittlich weit über zwei Stunden am Tag vor dem Fernseher – am Sonntag sogar drei Stunden, Kinder und Heranwachsende oft noch länger. Das Zeitbudget fürs Lesen fällt sehr viel knapper aus: eine halbe Stunde für Zeitungen oder Zeitschriften, eine Viertelstunde für das Buch.

Nun arbeiten, das liegt in ihrer Natur, die Massenmedien eher mit grobem Raster als mit differenzierten Darstellungen oder Analysen oder Argumenten. Wer beispielsweise seinen täglichen Überblick aus den Fernseh-Nachrichten gewinnt, der erlebt sehr viel mehr Gewalttätigkeit, Mord und Katastrophen als der Leser einer regionalen oder überregionalen Tageszeitung. Und jedenfalls in diesem Punkt ist die Tageszeitung wirklichkeitsnäher.

Ich frage mich, ob sich hier die Gefahr politischer Verführbarkeit vorbereitet? Oder die Gefahr, daß wir in zwei Klassen zerfallen: Jene, die lesen – besser vielleicht: die auch noch lesen –, und jene, für die der Bildschirm die Wirklichkeit und das Nachdenken darüber ersetzt?

Wir müssen dazu erziehen, daß das Lesen nicht durch die elektronischen Medien verdrängt werden kann! Dies ist meine ganz tiefe persönliche Überzeugung. Dazu erziehen! Natürlich wissen wir: Buch ist nicht gleich Buch. Und manches, was im Buch für viele Menschen toter Text bleibt, gewinnt Leben für manchen erst durch das audiovisuelle Medium. Ich denke an Theater, an das großartige Projekt der BBC zum Beispiel, das gesamte Werk William Shakespeares für das Fernsehen neu zu verfilmen. Bei uns haben 3,5 Millionen Menschen am Karfreitag 1981 das erste dieser Stücke in synchronisierter Fassung gesehen. Millionen von Menschen in aller Welt, die Shakespeare nie gelesen haben, werden Shakespeare jetzt entdecken – und sie würden Goethe und Schiller und Lessing entdecken, wenn wir für unsere Klassiker etwas tun würden, was dem BBC-Projekt vergleichbar wäre.

Wenn es stimmen sollte, daß hochindustrialisierte Länder wie das unsrige auf dem Wege in eine »Kommunikationsgesellschaft« sind, weil wir nicht weniger Kraft auf die Kommunikation als auf die Güterproduktion verwenden müssen, damit unsere Gesellschaft nicht in Gruppen und Randgruppen, in Generationen und in voneinander abgekapselte Expertenkreise auseinanderfällt – dann müssen wir über solche Fragen noch nachdenken.

Eine Revolution in der Kommunikation zwischen Menschen hatte vor Jahrhunderten in Mainz mit der Erfindung der Buchdruckerkunst mit beweglichen Lettern durch Johannes Gutenberg begonnen. Das war ein großer Schritt, mit dem das pergamentene Herrschaftswissen nunmehr einer breiteren Öffentlichkeit zugänglich gemacht wurde: durch Bücher und Schriften, mit sehr unterschiedlichen Inhalten, unter immer neuen Titeln, schließlich zu einer Drucklawine anschwellend.

In diesem Zusammenhang ein Wort zur wirtschaftlichen Seite des Druckes und des Verlegens – damit hatte ja Gutenberg auch seinerzeit schon Probleme.

In unserem Lande haben weder die Verlage noch die Buchhändler Grund zur Klage – jedenfalls nicht über das normale Maß von Klage hinaus, das in der Wirtschaft branchenübergreifend üblich ist. Das wird mir von Verlegern und von Buchhändlern bestätigt.

Die geistige und kulturelle Aufgabe, die das Buch erfüllen will, hat auch wirtschaftliche Voraussetzungen und sehr prosaische steuerliche und betriebswirtschaftliche Seiten. Die Bedeutung des halben Mehrwertsteuersatzes und der Preisbindung der letzten Hand, also des festen Ladenpreises für Bücher, ist mir bewußt. Um unseren Buchhandel, auch um die Schnelligkeit, mit der bei uns Bücher beschafft werden können, werden wir oft beneidet. Dieses gutverzweigte Netz geistiger Tankstellen – wenn ich mich so ausdrükken darf – wollen wir uns erhalten, sonst würde die Gefahr eines neuen Analphabetismus noch größer.

Mir sind auch die Probleme bewußt, die sich Verlegern und Buchhändlern stellen, wenn sie die kulturellen

Aufgaben mit ihren ökonomischen Möglichkeiten in Einklang bringen müssen: stets in Versuchung, den Bestsellerrahm abzuschöpfen und das Noch-nicht-Gängige anderen zu überlassen. Dieser Versuchung sollten sie auch künftig widerstehen. Manche der Bücher, denen die Demokratie viel verdankt, wären nicht erschienen, hätten Verleger und Buchhändler nicht den Mut zum Risiko gehabt.

Es ist schwer, die Wirkung eines Buches zu messen oder gar zu sagen, welche Bücher die demokratische Entwicklung besonders beeinflußt haben. Gewiß Montesquieu – auch für viele, die ihn nicht gelesen haben –, ebenso Rousseau und ebenso Tocqueville mit seinem Buch »Über die Demokratie in Amerika«, wiederum für viele, die ihn nicht gelesen haben und gar nicht wissen, daß es ihn gibt. Von deutschen Autoren sicherlich Kant und die preußischen Reformer Stein und Hardenberg, später Max Weber und Friedrich Naumann.

Die politische Wirkung von Adam Smith und Karl Marx steht außer Zweifel, ebenso die wirtschaftspolitische Wirkung von John M. Keynes, seiner »General Theory of Employment, Interest and Money«, seines Postulats der Vollbeschäftigung.

Ich füge hinzu: Das ist natürlich eine sehr willkürliche Aufzählung von Autoren und von Büchern, die Demokratie und ihre Entwicklung auf der Welt darstellen. Wer über den Zusammenhang von Buch und Demokratie nachdenkt, mag ebenso Milton oder Thomas

Paine oder Thomas Jefferson nennen, die übrigens auch alle einmal auf Schwarzen Listen gestanden haben; John Milton mit einer Schrift: »A Speech for the Liberty of Unlicensed Printing«. Der eine mag an Thoreaus »Walden« denken, der andere an John F. Kennedys schmales Bändchen »Profiles in Courage«. Natürlich wäre Büchner zu nennen. Für mich selbst möchte ich Marc Aurels »Selbstbetrachtungen« hinzufügen und Kants kurze Schrift »Zum ewigen Frieden«; beide haben mir vieles gegeben, das ich in demokratischer Arbeit umzusetzen versuche.

Wenn aber ein solcher Zusammenhang besteht zwischen Buch und Demokratie, im Sinne einer gegenseitigen Förderung und Bestärkung, dann müssen wir uns, um unserer Demokratie willen, zweierlei erhalten.

Erstens: ein breitgefächertes, unzensiertes, weithin verfügbares Angebot von Büchern; und zweitens und wichtiger: Wir müssen die Fähigkeit und die Neigung der Menschen zum Lesen verstärken.

Vor zweihundert Jahren, als es darum ging, in Deutschland mehr Menschen zum Lesen zu befähigen, haben die Lesegesellschaften, deren Namen die »Deutsche Lesegesellschaft e. V.« fortführt, eine wichtige Rolle gespielt.

Der Kölner Historiker Otto Dann hat beim 190. Stiftungsfest der Bonner »Lese« auf einige wichtige Phänomene der vor zwei Jahrhunderten organisierten Lesewelle hingewiesen: Daß die Bürger in den Lesegesellschaften nicht nur Bildungswissen suchten, sondern daß sie über das diskutierten, was sie lasen; daß sie eine neue Vermischung der sozialen Stände innerhalb der Gesellschaft suchten; daß sie neue Organisationsformen ausprobierten, mit Satzungen und Ausschüssen und mit »Mecker-Briefkästen« – noch bevor Verfassungen für Staat und Gesellschaft insgesamt bei uns zur Debatte standen.

Die Mainzer Lesegesellschaft nannte sich bald »Politische und literarische Lese- und Konversationsgesellschaft«. Einige Professoren, so heißt es, predigten in dieser Gesellschaft demokratische Gesinnung – und Anarchie. Viele Mitglieder waren zugleich Mitglieder des Mainzer Jakobinerclubs, der »Gesellschaft der Freunde der Freiheit und Gleichheit«.

Die literarische Basis um 1800 war aber nur schmal. Nur ein Viertel der deutschen Bevölkerung war damals des Lesens und Schreibens hinreichend kundig. Die Kosten von Büchern und Periodika waren auch für viele Gebildete eine hohe Hürde. Dieser Kostenfaktor war ja ein wesentlicher Anstoß zur Gründung der Lesegesellschaften gewesen, um die Ausgaben für Bücher und Zeitschriften durch Verteilung zu verringern.

Die Fähigkeit unserer Gesellschaft, das geschriebene Wort aufzunehmen, hat insgesamt erst zugenommen, als in den Schulen systematisch und ohne soziale Unterschiede das Lesen gelehrt wurde – und als in den guten Schulen, durch verständnisvolle Lehrer, auch über die Schulbücher hinaus Interesse an Literatur geweckt wurde.

Große Bedeutung hatte – und hat weiterhin – die Erwachsenenbildung. Ich bin stolz auf die Rolle, welche die Sozialdemokratische Partei und die Gewerkschaften, die Arbeiterbildungsvereine und später die Heimvolkshochschulen dabei gespielt haben, um den Arbeitern, um den – wie man heute sagt – Unterprivilegierten Wege aus der Diskriminierung zu bahnen und ihnen die politische und ideelle Heimat zu bieten, die Staat und Gesellschaft ihnen verweigerten. Dies sind Traditionen, die wir fortführen wollen.

Sicherlich hat nicht jeder von uns so gute Erinnerungen an den Deutschunterricht seiner Schulzeit, wie ich sie erwähnte. Heute scheint es an einigen Schulen eher eine Art Allergie gegen das Lernen von Gedichten zu geben. Ich stimme Günter Grass zu, der in einem Interview die Hoffnung äußerte, daß die jetzt heranwachsende Generation auch Gedichte zeitgenössischer Autoren lernen werde.

Auf die Frage nach seinen Erfahrungen mit Lehrern sagte Grass: »Mein größter Vorwurf ist der, daß die Lehrer nicht lesen.« Er fügte hinzu: Die Konzentrationsschwäche, die wir bei den Schülern beklagen, sei tatsächlich bei den Lehrern gegeben. Sie seien nicht in der Lage, mit sich und einem Buch allein zu sein. Es müsse immer nur kommuniziert werden – und das sei natürlich der Feind allen Lesens.

Vielleicht war das etwas pauschal gesagt. Doch sollten einige unserer Lehrer einmal darüber nachdenken, ob oder inwieweit der Vorwurf von Grass berechtigt sein könnte: daß selbst Lehrer nicht mit einem Buch allein sein könnten.

Ich denke, wir brauchen ein Gleichgewicht: Einerseits die Fähigkeit zu stiller Selbstfindung, zur Selbsterziehung – und dafür sind Bücher die besten Mittler. Andererseits die Fähigkeit zum Gespräch, zum kommunikativen Miteinander, zum Gedankenaustausch, zur gemeinsamen Meinungsbildung. Wenn es an dem einen oder an dem anderen fehlt, leidet der einzelne, leidet die Gesellschaft, leidet die Demokratie.

Ich bin all jenen dankbar, die uns Bücher in die Hand geben: den Autoren, den Verlegern, den Buchhändlern, auch ausdrücklich den Bibliothekaren, weil sie häufig unbekannt bleiben. Den Übersetzern, die uns fremde Literatur und dem Ausland unsere Literatur zugänglich machen; ohne ihre Arbeit wäre es beispielsweise nicht möglich gewesen, in den USA dem schwierigen und spröden Schmidt Beachtung zu verschaffen. Ich spreche von Arno Schmidt und seinem »Abend mit Goldrand« (»Evening Edged in Gold«), einem dicken, komplizierten und teuren Buch, das in den USA gut angekommen ist.

Ich bin denen dankbar, die dazu beitragen, in den Schulen, in der Erwachsenenbildung, daß Menschen, daß vor allem junge Menschen zum Lesen fähig, zur Selbsterziehung fähig werden – daß sie dies bleiben, auf daß sie demokratisch mündig werden und daß sie demokratisch mündig bleiben.

Zur Person

Helmut Schmidt wurde am 23. Dezember 1918 in Hamburg geboren. Nach dem Abitur und dem Arbeits- und Militärdienst studierte er Staatswissenschaften und Volkswirtschaft. Anschließend war er in der Hamburger Behörde für Wirtschaft und Verkehr tätig. 1952 übernahm er die Stellung des Leiters des Amtes für Verkehr. Acht Jahre zuvor war Schmidt der SPD beigetreten und leitete 1947/48 den Sozialistischen Deutschen Studentenbund als Bundesvorsitzender. 1953 wurde er Mitglied des Bundestages, im Jahr 1957 fand die Aufnahme in den Fraktionsvorstand statt. Von 1961–65 war Helmut Schmidt Innensenator von Hamburg, bevor er im September 1965 als stellvertretender Fraktionsvorsitzender die Koalition mit CDU/CSU vorbereiten half. Als Mitglied im Führungsgremium dieser Großen Koalition wurde er Fraktionsvorsitzender und ab 1966 gehörte er dem Präsidium an. 1969 – unter Bundeskanzler Willy Brandt – übernahm Helmut Schmidt das Verteidigungsressort. 1972 wurde er Wirtschaftsminister, – 1974 Finanzminister und ab diesem Jahr Kanzler dreier SPD/FDP-Bundesregierungen. Während seiner Amtszeit machte sich Helmut Schmidt u. a. um die Rentenfinanzierung, das entschiedene Einschreiten gegen den Terrorismus, die Sicherheitspolitik, die Energie- und Erdölpolitik sowie – zusammen mit seinem späteren Freund Valérie Giscard d'Estaing – um die Etablierung des europäischen Währungssystems verdient, was ihm im In- und Ausland hohe Anerkennung und Ansehen bereitete. Trotz »Krisenmanagement« und seinen fachmännischen Kenntnissen im Bereich der Wirtschaft wurde Helmut Schmidt 1982 von CDU/CSU und FDP durch ein konstruktives Mißtrauensvotum gestürzt. Als Vortragsreisender und Mitherausgeber der Wochenzeitung »Die Zeit« war er 1984 noch immer der beliebteste Politiker der BRD, nicht nur seiner politischen Erfolge wegen, sondern sicherlich auch, weil die Reihe der Staatsmänner dünn gesät ist, denen das Prädikat »besonders wertvoll« zugestanden werden kann. So schrieb »The Washington Post« zu recht: »Helmut Schmidt. der weiseste Mann der links der Mitte stehenden Parteien, kein müder Mann von gestern, der dem verlorenen Paradies der Macht nachtrauert, sondern einer, der sich auf beispiellose politische Erfahrung stützt.«

Der Herausgeber

Bibliographische Notiz

Die in dem Kapitel »Unsere Geschichte – Mahnung und Verpflichtung« zusammengefaßten Ansprachen entstammen dem Buch »Der Kurs heißt Frieden«, © 1979 by Econ Verlag Düsseldorf, Wien.

Die Texte im Kapitel »Staat und Gesellschaft aus christlicher Sicht« finden sich in »Als Christ in der politischen Entscheidung«, Gütersloher Verlagshaus Gerd Mohn 1976, © by Helmut Schmidt.

»Rolle und Probleme Europas« entstammt dem Werk »Eine Strategie für den Westen«, © 1986 by Wolf Jobst Siedler Berlin. Der diesem Kapitel beigefügte Vortrag »Um die Einigung Europas verdient gemacht« wurde in der Zeitschrift »transnational« Nr. 14 abgedruckt, © 1979 by Europa Union Verlag Bonn.

Der Vortrag »Das Humane und die Technik« wurde unter dem Titel »Drei Reden« vom Presse- und Informationsamt der Bundesregierung in Bonn herausgegeben.

»Buch und Demokratie« findet sich in dem Buch »Vom deutschen Stolz – Bekenntnisse zur Erfahrung von Kunst«, © 1986 by Wolf Jobst Siedler Berlin

Folgende Bücher von Helmut Schmidt sind lieferbar:

Der Kurs heißt Frieden, Düsseldorf/Wien 1979
Eine Strategie für den Westen, Berlin 1986
Vom Deutschen Stolz, Berlin 1986
Menschen und Mächte, Berlin 1987

AUSGEWÄHLTE TEXTE

8431

6577

8438

8433

8436

Erasmus von Rotterdam
Ausgewählte Werke
8434

Lao-Tse
Ausgewählte Werke
8435

Ramakrishna
Ausgewählte Werke
8437

GOLDMANN

AUSGEWÄHLTE TEXTE

PRENTICE MULFORD
AUSGEWÄHLTE TEXTE
ZWEITER BAND

11023

NELSON MANDELA
AUSGEWÄHLTE TEXTE

8439

A.D. SACHAROW
AUSGEWÄHLTE TEXTE

8440

MEISTER ECKHART
AUSGEWÄHLTE TEXTE

11024

RALPH WALDO EMERSON
AUSGEWÄHLTE TEXTE

8441

KONFUZIUS
AUSGEWÄHLTE TEXTE

8442

JEAN GEBSER
AUSGEWÄHLTE TEXTE

11020

WERNER HEISENBERG
AUSGEWÄHLTE TEXTE

11021

GOLDMANN

AUSGEWÄHLTE TEXTE

ALBERT EINSTEIN
AUSGEWÄHLTE TEXTE

8436

ERASMUS VON ROTTERDAM
AUSGEWÄHLTE TEXTE

HUMANITAS CHRISTIANA

8434

FRIEDRICH DER GROSSE
AUSGEWÄHLTE TEXTE

8438

KHALIL GIBRAN
AUSGEWÄHLTE TEXTE

DAS KHALIL GIBRAN LESEBUCH

8432

MARTIN LUTHER KING
AUSGEWÄHLTE TEXTE

HERAUSGEGEBEN VON CORETTA SCOTT KING

8431

LAO-TSE
AUSGEWÄHLTE TEXTE

8435

MAHATMA GANDHI
AUSGEWÄHLTE TEXTE

RICHARD ATTENBOROUGH (Hrsg)

6577

PRENTICE MULFORD
AUSGEWÄHLTE TEXTE

8433

RAMA KRISHNA
AUSGEWÄHLTE TEXTE

8437

GOLDMANN

BIBLIOTHEK JIDDISCHER ERZÄHLER

Josef Opatoschu
Bar Kochba
8907

Schalom Asch
Mottke der Dieb
8908

Mendele Mojcher Sforim
Die Mähre
8909

Scholem Alejchem
Das bessere Jenseits
8910

Isaac Leib Perez
Die Seelenwanderung
einer Melodie   8911

David Bergelson
Das Ende vom Lied
8912

GOLDMANN

STEFAN HEYM

Stefan Heym
Ahasver
Roman

Werkausgabe

7113

Stefan Heym
Wege und Umwege

Werkausgabe

7112

Stefan Heym
Gesammelte Erzählungen

Werkausgabe

7111

Stefan Heym
Märchen für kluge Kinder

Werkausgabe

7109

Stefan Heym
Collin
Roman

Werkausgabe

7110

Stefan Heym
Der König David Bericht
Roman

Werkausgabe

7108

Stefan Heym
5 Tage im Juni
Roman

Werkausgabe

7107

Stefan Heym
Der Fall Glasenapp
Roman

Werkausgabe

7106

Der bittere Lorbeer
7101

Goldsborough
7102

Lenz oder die Freiheit
7103

Stefan Heym
Die Augen der Vernunft
Roman

Werkausgabe

7105

Stefan Heym
Lassalle
Roman

Werkausgabe

7104

GOLDMANN

GOLDMANN CLASSICS

Walt Whitman
Leaves of Grass
7800

Joseph Conrad
Heart of Darkness and
the Secret Sharer   7802

Emily Brontë
Wuthering Heights
7801

Jane Austen
Emma
7803

Geoffrey Chaucer
The Canterbury Tales
7804

Francis Hodgson Burnett
A Little Princess
7805

GOLDMANN